广西教育科学“十三五”规划2019年度立项课题项目《地方应用型高校“两融四合”创新创业实践课程体系建设研究》（编号：2019A003）

“互联网+”时代大学生创新创业教育研究

滕智源 著

中国原子能出版社
China Atomic Energy Press

图书在版编目（CIP）数据

“互联网 +”时代大学生创新创业教育研究 / 滕智源著 . -- 北京 : 中国原子能出版社 , 2020.11（2021.9 重印）

ISBN 978-7-5221-1105-6

Ⅰ . ①互… Ⅱ . ①滕… Ⅲ . ①大学生－创业－研究

Ⅳ . ① G647.38

中国版本图书馆 CIP 数据核字（2020）第 220075 号

“互联网 +”时代大学生创新创业教育研究

出版发行 中国原子能出版社（北京市海淀区阜成路 43 号 100048）
责任编辑 刘东鹏
责任印制 潘玉玲
印　　刷 三河市明华印务有限公司
印　　销 全国新华书店
开　　本 185㎜×260㎜ 1/16
字　　数 166 千字
印　　张 8.25
版　　次 2020 年 11 月第 1 版 2021 年 9 月第 2 次印刷
书　　号 ISBN 978-7-5221-1105-6
定　　价 48.00 元

网　　址：http://www.aep.com.cn　　E-mail：atomep123@126.com
发行电话：010-68452845

前 言

2015 年，李克强总理在政府工作报告中提出制订“互联网 +”行动计划，加强互联网与现代制造业之间的联系，为互联网企业提供正确的方向指导，促进现代制造业、电子商务、互联网金融等行业快速发展。与此同时，国内一些互联网企业积极参与其中，并提出了一些建议。2015 年 3 月，全国人大代表、腾讯公司控股董事会主席兼首席执行官马化腾提交《关于以“互联网 +”为驱动，推动我国经济社会创新发展的建议》文件；2015 年 4 月，阿里巴巴集团下属专业研究机构——阿里研究院推出专著《互联网 +：从 IT 到 DT》。这些行业领域的领头人带领着新时代人们对“互联网 +”的认知与应用，极大地推动了互联网与传统行业的融合发展，由此形成“互联网 + 零售业”，诞生了淘宝、天猫、京东等电子商务平台；“互联网 + 金融”，诞生了支付宝、财付通、微信支付等第三方支付平台；“互联网 + 教育”诞生了 MOOC 等全新教学形式……

在高等教育大众化背景下，大学毕业生数量规模逐年增加，由此进一步加剧毕业生就业难题，引发一系列社会问题。在此情形下，要扭转大学生“就业难”、就业层次低的问题，高校必须开展创新创业教育，以教育力量引导学生转变就业择业观念，使学生从被动就业向自主创业转变。

开展创新创业教育是新时代对我国高等教育的新要求，是培养大学生综合素质、创新意识、创新精神和创业能力的必由之路，是实现国家强盛、人民富裕，促进社会经济发展的强大新动能。大学生创新创业教育的开展为大学生创新创业活动营造了良好的环境，而“互联网 +”时代的到来，更为大学生创业提供了更多的空间和机会。

本书是在“互联网 +”的时代背景下针对大学生创新创业的培养要求而进行撰写的。本书共分为七个章节，第一章主要对“互联网 +”与大学生创新创业教育进行基本阐述；第二章对“互联网 +”时代大学生的创新创业教育的优势、局限与突破进行深入调查和审视；第三章分析“互联网 +”背景下大学生创新创业教育的影响因素及路径选择；第四章重点研究“互联网 +”时代大学生创新创业教育的环境建设与体系建设；第五章主要分析“互联网 +”时代大学生创新创业教育的实践教学体系构建；第六章则最后就教学方法与科学评价两方面对大学生创新创业教育的开展进行分析总结。

本书在撰写过程中参考和借鉴了大量国内外相关研究成果，同时得到了院校及教育界各位同仁的支持和帮助，在此一并致谢！由于作者水平有限，书中难免存在不妥和疏漏之处，恳请各位读者不吝赐教。

作 者

2020 年 9 月

目 录

第一章 绪论

第一节 “互联网 +”的时代特征

“互联网 +”是将互联网融入到各行各业之中，为各行业增添新活力，极大地促进了我国社会经济的更快更好发展。“互联网 +”的时代特征具体表现为以下几点。

一、大数据资源的出现

大数据，即指规模大、处理方式较为复杂的数据。国外一些学者认为，互联网信息时代实质上是大数据化的信息时代，其中的大数据并不仅仅指数量庞大，更多的是指一种难以用传统软件来处理、分析的大规模的数据集合。从相关研究资料来看，大数据的特征具体表现为四个方面：其一，数据量巨大。当数据达到 TB 级就已经相当庞大了，然而大数据已经达到了 PB 级别；其二，数据多样性。大数据不仅包括数字、文本数据，还包括了图片数据、视频数据等其他数据；其三，价值密度低。大数据使生产率高的企业所创造出的价值密度降低，但提高其总体的商业价值；其四，速度要求快。随着移动互联网的不断普及，会有越来越多的人通过互联网浏览信息、上传信息，这客观上要求数据的输入输出都要在极短的时间内完成，因此速度要求快。另外，在互联网信息技术的影响下，自媒体发展形成，每个人都能够通过自媒体传播信息和接收信息，由此加快了数据输入输出的速度。在“互联网 +”时代，数据不仅仅是一串简单的数字、图片与视频，而是一些能够创造价值的信息。对于创新创业者而言，这些数据背后所隐藏的价值是不可估量的，因此必须加大对数据的重视，从数据中发现有价值的内容，从而为自身创造新的发展机遇。

在新的时代背景下，互联网与各行业之间的联系越来越密切，这极大地促进了大数据的发展，并催生了一些新的概念，例如大数据服务、大数据营销、大数据金融等。

同样，大数据也对互联网的发展有着重要的促进作用。例如，以数据研究为主的公司与其他公司合作，通过对消费者的消费习惯和消费倾向进行研究来帮助其他公司开发产品，以顺应消费者的消费需求，为公司创造更多的经济回报。以某些电影公司为例，通过用户评价与评分数据收集，了解用户对于影视作品的需求，然后对用户需求、社会热门话题、热点新闻等信息进行综合分析，从而有意识地投入广告宣传，吸引特定用户群体的注意力。这样一来，就能够顺应用户对于影视作品的需求，将用户吸引到影院里面来，从而提高票房率。与此同时，在大数据化的时代，人们也可以通过互联网了解各种信息，了解一些人、商店等不为人知的一面，更好地做出有益于自身的决定，从而保障自身的权益。

一些西方发达国家对于大数据资源的重视程度较高。以德国为例，德国政府专门制定了有关大数据资源的高科技战略计划——大数据“工业 4.0”，其中包括四个方面的内容，分别是互联网、大数据、云计算、高端制造。这项计划的主要目的是通过互联网、物联网等来整合商业交流过程中的客户、商业伙伴的数据，从而建立高适应性、高效率的智慧工厂，以达到提高德国现代制造业智能化水平的目标。

二、传统产业的互联网化

企业的存在意义在于它能够创造价值，当一个企业无法创造相应的价值时，它可能就会在人们视野中逐渐消失。一些国外学者通过企业价值的研究提出“价值链分析法”，他们认为企业主要通过两种活动来增加自身的价值，分别是基本活动和支持性活动。其中，基本活动主要包括企业生产、销售、售后服务等内容，而支持性活动主要包括人事、研究、开发等内容，这些活动内容共同构成了企业的价值链（图 1–1）。但是，并不是所有的活动环节都能够创造价值，那些能够创造价值的环节被视为价值链上的“战略环节”。对于企业管理者而言，要想在企业竞争中立于不败之地，就必须要重视价值链上的“战略环节”，充分发挥“战略环节”的作用，从而为企业创造更多的价值。

随着“互联网 +”时代的到来，传统企业原有的价值链逐渐无法支撑企业持续地发展，因此必须要改造企业价值链的各个环节，打造企业创新商业模式。在具体实施过程中，企业价值链的整个环节逐渐逆向化，形成了从客户服务到销售消费、营销推广、批发零售、设计生产、原料采购的顺序。与此同时，企业价值链的变化也推动一些产业互联网化，其中比较具有代表性的产业包括金融、制造业、文化娱乐业、营销广告业等。

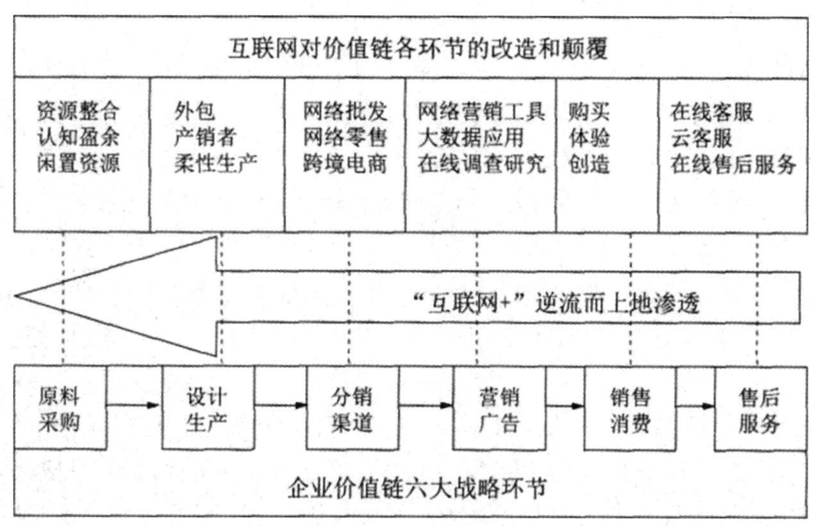

图 1-1 "互联网 +"传统企业价值链

"互联网 +"是当前时代的发展趋势，只有顺应"互联网 +"的发展趋势，才能更好更快地发展，否则将会被时代所淘汰。传统企业要顺应新时代的发展，要必须要改造价值链的各个环节，使其更能够符合新时代的要求。例如，在制造业，企业通过引导用户线上参与产品设计，从而设计出用户满意的产品；在生活服务业，企业通过引导用户线上互动来了解用户需求，或是通过线上点评平台来了解用户需求，从而根据用户需求来开发相应的产品，极大地提高产品的生产效率，进一步促进企业发展。在互联网的帮助下，企业能够更好地了解消费者的需求，根据消费者的不同层次来开发相应的产品，以便于满足不同消费者的不同需求，这实质上就是颠覆传统产业的价值链，加强互联网与传统产业之间的联系，从而促进传统产业更好地发展。

在过去，传统产业主要是线下垂直分布的单向价值链，消费者在选择产品的过程中处于被动的地位；而在"互联网 +"时代，传统产业是线上线下相互连接的价值网络，消费者在选择产品的过程中处于主导地位。在新的时代背景下，互联网平台型企业成为"互联网 +"产业结构的调度中心，首先通过大数据了解消费者的需求和消费倾向，然后通过对消费者的需求和消费倾向进行研究与分析，将其提供给线下产业，以便于线下产业进行产品设计。由此可以看出，"互联网 +"是一种消费者与企业之间的新的消费模式主导下的价值链改造运动，消费者不再局限于被动接受企业所生产的产品，而是先提出自身的消费需求，由企业根据消费者的需求来生产产品，即定制化生产，从而推动产业创新，并形成以消费者为中心的新商业模式。

三、信息的自媒体化

“自媒体”一词诞生于2003年，当时美国新闻学会媒体中心的谢因·波曼与克里斯·威理斯共同在《自媒体报告》中对“自媒体”一词进行了阐述，认为“自媒体”是人们通过互联网来表达自身看法的一种方式。在当时，人们渴望通过某个平台来获取信息或表达自身的看法，而互联网平台的准入门槛较低，这就为自媒体的诞生提供了基础条件，使得人们可以自由、便捷地进行信息方面的交流。由此可以看出，自媒体不同于一般的信息平台，人们可以根据自身的需求来采集相关的信息内容，并通过互联网信息技术将其分享给志趣相投的人，而这是其他信息平台所无法比拟的。

据相关调查资料显示，截至2020年3月，我国网民数量已经超过9亿，网民规模非常庞大，再加上互联网平台的准入门槛较低，这使得我国的“自媒体”数量成倍地增长，从而共同形成庞大的网络空间。这样一来，极大地推动了信息的自媒体化。

在过去，人们主要通过电视、广播、报刊等传统媒体来获取信息，但是人们无法选择信息内容和类型，只能被动地接受信息；而在“互联网 +”时代，人们获取信息的途径丰富多样，并且每个人都可以成为自媒体，可以自由地选择感兴趣的信息，也可以随时随地将信息传播给其他人。与此同时，在互联网平台上传播信息的速度和广度也远超过传统媒体，即便是远在国外，人们也可以在短时间接受大量的信息。

除了颠覆传统的信息传播方式之外，“互联网 +”也改变了传统的人际交往方式。在过去，人们的交际圈往往局限于熟悉的人、近距离的人，与陌生人、远距离的人交际较少，而在“互联网 +”时代，人们不仅可以通过自媒体与熟悉的人进行交流，也可以与远在异国他乡的陌生人进行互动，拉近与他人之间的距离。以网上购物为例，人们在购买商品之前往往会先查看商品的评论、商店的信誉等级，通过其他消费者对于商品的评价了解商品的质量、形态，或者直接与商家进行交流，了解商品的一些特性，从而更好地购买商品。在收到商品后，人们也可以将自身的看法发布在评论区，与其他消费者进行互动，为其他消费者提供参考意见。在整个过程中，互联网平台的信息交流不仅方便了自身，也方便了他人，并且对于商家也有一定的影响。从中可以看出，自媒体所传播的信息不仅仅是帮助人们了解更多的人、事、物，还能够对企业的发展产生一定的影响，即引导企业朝着更好的方向发展。

四、用户的中心化

国外一些学者认为，在“互联网 +”时代，企业必须要改变自身的经营思维，将客户放在首位，关心客户的感受，了解客户的需求，并根据客户的需求来开发相

应的产品，这样才能够顺应时代发展的需求，才能够更好地在企业竞争中占据优势地位。随着人们对于“互联网 +”的认识越来越深入，一些人逐渐开始尝试通过互联网平台来表达自身的需求，而企业要做的就是收集和整合这些用户需求，对用户需求进行分析与研究，从而顺应用户需求来开发相关的产品。对于企业而言，用户需求是企业开发与生产工作的中心，只有满足了用户的需求，才能更好地生产出用户喜爱的产品，才能够更好地促进企业发展。目前，互联网平台是用户表达自身需求的主要途径，用户可以通过互联网自主地参与到产品设计过程中，为企业提供重要的建议，这些都意味着互联网用户在企业发展过程中占有重要地位。另外，志趣相投的用户也可以通过互联网聚集起来，共同创造出新的商业模式，并共同为其他用户服务。

在“互联网 +”时代，企业与其他企业在产品外形方面的差距并不大，但是产品的服务与质量有着一定的区别，因此企业必须要加强对用户的关注，通过互联网平台来了解用户对于产品质量与服务水平的看法，根据用户的需求来改进产品质量和服务水平。这样一来，企业与用户之间的联系就会越来越密切，用户可以随时随地向企业反馈自身对产品的建议，与企业交流自身对于产品设计的看法。在互联网平台，虽然企业与用户都可以通过自媒体对产品进行发言，但是大多数人更愿意相信用户所传播的信息内容，这要求企业正确认识用户的话语权，充分发挥用户话语的积极一面，从而使更多的消费者对企业产生信赖感，进一步促进企业更快更好地发展。

五、创业的长尾端化

创业的长尾端化指的是创业者应当将重心放在非主流的市场之上，在产品品种上取得优势。一些国外学者认为互联网时代的产品可划分为大众产品和小众产品，其中大众产品是当前的主流产品，而小众产品是冷门产品，当人们把所有冷门市场汇集起来时，其市场能量远远超过主流市场的能量。

在国外学者安德森的长尾曲线图（如图 1–2 所示）中可以看出，市场可分为大众市场和小众市场，其中传统企业的定位主要是大众市场，大众市场虽然数量大，但是品种相对较少，而“互联网 +”时代创业者的定位主要是小众市场，小众市场具有数量少、品种多的特点。随着社会经济不断发展，虽然人们对于大众产品仍有一定的需求，但是小众产品在品种方面占据明显的优势，市场相当广阔，因此创业者逐渐将注意力转向小众产品。从相关研究资料来看，我国目前大多数网民都属于中层收入群体，位于长尾曲线的长尾部分，他们对于小众产品的需求远高于大众产品，因此形成了极大的市场。与此同时，一些传统企业对于互联网的敏感度远不及新兴的企业，因此新兴企业能够在“互联网 +”时代集中精力开发小批量、多品种的小众产品，从而在企业竞争占据优势地位，获取丰厚的经济回报。在未来较长的

一段时间内，长尾端化还会进一步扩大，这有助于为创业者开展创新活动提供强大的动力。

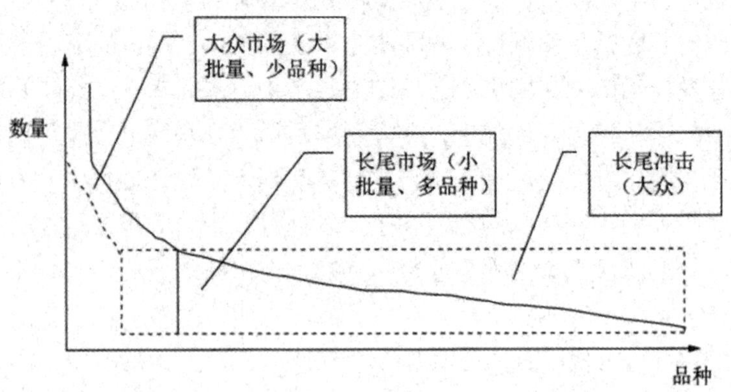

图 1–2 长尾曲线

长尾取向的企业所经营的产品各不相同，如果消费者想要查找产品就必须要不断跳转不同的网站，这将会极大地影响消费者的体验，因此要建设一个平台，将这些长尾取向的企业聚集在一个共同的平台之上。在“互联网 +”时代，涌现了大量平台企业，这对于汇集长尾取向的企业具有重要意义。例如，谷歌公司将各种产品、信息等聚集在谷歌搜索平台，人们通过谷歌搜索就能够快速地定位到自己想要的产品；阿里巴巴集团将各类中小企业聚集在阿里巴巴平台，人们通过打开旗下购物软件进行搜索就能够购买相应的产品。在今天，虽然人们仍对酒店、餐饮、金融等传统产业有着一定的需求，但是长尾取向的企业更能够有效地激发消费者的消费欲望，这无疑会对传统产业产生极大的冲击。因此，在新的时代背景下，创业者必须认清当前现实情况，将主要精力投入到长尾取向的企业之中，以便于更好地顺应时代发展，进而促进社会经济发展。

第二节　大学生创新创业教育

随着我国的就业形势逐渐严峻化，创业开始成为在校大学生和大学毕业生解决就业问题的一种方式。一般来说，绝大多数大学生主要将时间都用于学习专业知识，他们对于创业的了解并不多，可能会面临着一系列有关创业的问题，因此大学生创业也引起了人们的广泛关注。

作为新的创业群体，大学生有其特有的优势，但也存在一定的劣势，这就要求大学生创业者了解自身创业的优劣势和问题，改善自身的不足，发挥自身的长处，从而更好地开展创新创业活动。

一、大学生创业优劣势分析

（一）大学生创业的优势

（1）文化素质水平较高：大学生创业者普遍拥有本科学历或研究生学历，并积累了一定的专业知识；

（2）对新事物的接受能力强：大学生创业者能够理解一些前端的知识，从而更好地开展创新创业活动；

（3）思维较为活跃：大学生创业者想象力丰富，敢于突破常规；

（4）自主学习能力强：大学生创业者能够积极地学习创业知识，为创业做好准备工作；

（5）充满激情：在明确创业方向后，大学生创业者能够积极地投身于创业实践之中；

（6）家庭负担小：大学生创业者一般没有沉重的家庭负担，有些家庭条件较好的大学生创业者还能够获得家庭的资助。

（二）大学生创业的劣势

（1）社会经验不足：大学生创业者与社会各部门的接触较少，无法有效地建立人脉关系网；

（2）心理承受能力差：大学生创业者一旦碰壁，就有可能停止创业活动；

（3）创业设想脱离实际：大学生创业者对于社会实际情况的调查较少，无法顺应社会的需求；

（4）社会责任感不强：大学生创业者大多都是以追求实际利益为主要目标，很少会思考如何为社会做贡献；

（5）好高骛远：大学生创业者热衷于追求远大的目标，却忽视自身的实际能力；

（6）在商业交往中，大学生创业者容易被他人忽视，无法获得他人的认可。

二、大学生创新创业问题

1. 切入口难找

从目前的情况来看，大多数大学毕业生有着较强的创业意识，但是不懂得将自身所掌握的专业知识运用到创业过程之中，导致自身没有明确的创业方向，从而无法充分发挥自身的专业优势。

2. 资金不足

对于任何创业者而言，要创业，就必须要解决创业资金问题。而一般的大学生创业者几乎没有收入来源，家里所能资助的资金也相当有限。虽然大学生创业者可以通过国家政策来申请创业补贴，但是申请手续较为复杂，且申请额度有限，难以满足一些大学生创业者的需求。

3. 社会经验少

大学生大多数时间都用于学习专业知识，自身缺乏社会实践经验，并且与社会相关部门的接触也比较少，因此容易被社会的一些表面现象所蒙蔽，影响自身的创业成功率。因此，大学生在自主创业之前，应当做好以下三点工作：其一，对自身各方面的能力进行详细的分析，明确自身是否具有创业者应具备的素质；其二，对市场需求情况进行分析，有针对性制定创业项目；其三，建立完整的团队，明确团队成员的分工。

4. 管理能力差

大学生创业者的团队一般是由熟悉的朋友组成，团队成员之间的联系相对密切，但是这无法形成严肃、严谨的团队氛围，并且各团队成员也没有划分明确的级别，这不利于开展团队管理工作。与此同时，大学生创业者都是刚踏出校园，对于创业项目都有着不同的看法，各成员往往难以统一意见，这并不利于共同开展工作。

5. 缺乏人脉

人脉关系主要指的是大学生创业者与社会各部门之间的联系，如果能够获得社会各部门的支持，那么大学生创业者就能够更好地进行创业。但是，事实上，大多数大学生创业者对于社会各部门并不熟悉，不擅于与社会各部门进行沟通，因此往往是靠着单打独斗的方式与其他企业进行竞争，这往往会使得大学生创业者处于劣势地位。

三、大学生创新创业教育现状

（一）平台"进出口"路径受限，教育预期效益降低

近年来，随着各高校大力推进创新创业教育改革工作，各类创新创业教育的实践基地、众创空间、创新创业学院等实践育人平台如雨后春笋般层出不穷。但是，由于大多数高校学生创新创业实践过程无法与第一课堂无缝对接，不能为创新创业学生争取学分认证，这就造成学生难以用"心"走进创新创业。另外，很多高校在创新创业人才资源库建设方面存在明显不足，人才培养仅仅局限在一些学科竞赛、科研项目、成绩表现等传统方式中，往往这些经过高校认可的人才，无法得到业界人士的满意，这就使得学生在校内接触市场项目的可能性变得很低。再加上项目知识产权和创新产品的前期投资额度、发展周期等问题，限制了学生当中的高质量项

目的成功转化，特别在吸引风投融资机构方面的渠道过窄，使得创业孵化走到了一个可遇不可求的境地，学生的项目成果转化进入了一个死胡同。

（二）项目“高低杠”现状凸显，教育阶段重心停滞

教育部从“十二五”以来就实施了“大学生创新创业训练计划”，力求促进高校改革人才培育模式，增强大学生创新能力和在创新基础上的创业能力。计划实施后，从“量”的角度来看已经取得了一定的效果，大学生的创新精神与创业素养得到了一定的提升。但是，对于真正想创业的学生和高质量的创新创业项目来说，资助力度还远远不够。要想真正完成创新创业项目孵化全过程，还需要加大投入。就目前来说，一个国家级的大学生创新创业训练计划项目资助经费一般在 2 万元左右，这对于一个在校学生，要想将创业项目发展成为公司并存活下去，这个经费是远远不够的。而对于高新技术项目的孵化，前期启动资金将更多，这无形之中就堆高了创业成本，使得大学生创业风险增大。因此，高校必须在做“量”的同时，注重对创新创业项目“质”的扶持，让有前景的创业项目持续运行下去。毕竟高校的创新创业教育不能只停留在鼓励与启蒙上，更要尝试对项目的深入培育与孵化。

（三）双师型导师资源紧缺，教育实践导向脱节

当前，高校中的创新创业教师不少，很多高校都建有自己的创新创业导师库，但真正具有双师型资格的高水平导师匮乏。大多数教师均缺乏在企业工作或锻炼的经历，很多高校导师的认证仅仅只凭一纸证书，这就使得在指导大学生创新创业的过程中，不能有针对性地解决实际难题，导致大学生觉得创新创业指导内容仅仅浮于表面且较空洞。正是因为大学教师缺乏企业中的市场导向思维，养成了“重理论、轻实践”的习惯，使得大量科研成果无法成功转化。同时，高校中校企合作的实验室或众创空间，能长期从企业请来工程师为学生进行辅导的，基本上是少数。因此，高校中的创新创业导师常常无法解决实际市场中企业发展过程和运营流程遇到的问题，从而导致高校创新创业教育指导成为“鸡肋”。

四、国家鼓励大学生创业的政策

近些年来，越来越多的大学毕业生走上了创业的道路，一时之间形成了一股创业热潮。在此过程中，国家政府也出台了大量与大学生自主创业相关的政策，这为大学生创业者提供了一定的便利。例如，在 2015 年，我国国务院在《关于大力发展电子商务加快培育经济新动力的意见》中提出要通过一系列优惠政策来鼓励创业者在电子商务领域开展创业活动；同年，国务院在《关于深化高等学校创新创业教育改革的实施意见》中指出要深化高校创新创业教育改革工作。由此可以看出，国家对于大学生创业的重视程度较高。

从国家多个部门共同出台的就业政策来看，大学生创业者可以在一定的期限内免交部分行政费用，这能够有效地减轻大学生创业者的经济压力。就业政策的具体内容表现为以下几点。

1. 大学生创业者在毕业后两年内自主创业需要办理营业执照时，如果注册资金低于 50 万元，那么允许大学生创业者分期缴纳注册资金，即首期到位资金不低于注册资金的 10%（出资额不低于 3 万元），1 年内实缴注册资金追加到 50% 以上，剩余资金在 3 年内分期缴纳。

2. 当大学生创业者在咨询业、信息业、技术服务业创办企业或经营单位时，可以向当地税务部门申请免征两年的企业所得税；当大学生创业者在交通运输业、邮电通讯业创办企业或经营单位时，可以向当地税务部门申请第一年免征企业所得税，第二年减半征收企业所得税；当大学生创业者在公用事业、商业、物资业、对外贸易业、旅游业、物流业、仓储业、居民服务业、饮食业、教育文化事业、卫生事业创办企业或经营单位时，可以向当地税务部门申请免征一年的企业所得税。

3. 当大学生创业者进行自主创业时，各国有商业银行、股份制银行、城市商业银行和有条件的城市信用社可以为大学生创业者提供两万元左右的小额贷款，同时尽可能简化操作程序，为大学生创业者提供开户和结算便利。贷款期限为 2 年，如果大学生创业者需要延长还款期限，那么可以申请一次延长还款期限。在贷款期间，银行根据中国人民银行所规定的贷款利率来核算贷款利息，担保最高限额为担保基金的 5 倍，担保期限与贷款期限一致。

4. 在大学生创业者进行自主创业时，政府人事行政部门所属的人才中介服务机构可以为大学生创业者提供两年免费保管人事档案的服务，提供免费查询人才、劳动力供求信息、免费发布招聘广告等服务，减免大学生创业者参加人才市场的费用，减少大学生创业者所创办企业的员工培训费用和测评服务费用。

第三节 "互联网＋"大学生创新创业

一、经济转型期的创新创业教育

我国社会发展处于转型期，社会经济发生了巨大的变化，并且保持高速发展态势。为了突出高校自主创新的效力，高校对学生的创新创业教育必须建立在科技创新、结构调整和制度创新的维度上，要把创新能力的提高与社会科学技术进步联系在一起，使学生们在受教育过程中跟紧时代步伐，形成符合时代发展要求的新思维。

（一）创新创业观念教育先于创新创业行为教育

要继续推进我国经济发展方式的转变，需要源源不断的新生力量，因此高校要加强创新创业教育，引导优秀大学生投身于创业。创新创业教育包括创新创业观念与创新创业行为两部分的内容，在高校的创新创业教育中，先进行的一定是创新创业的观念教育。

在高等教育中，教师首先要将创新创业的理念融入学生的专业课程中，使学生便于理解，易于接受，例如，创业是光荣的，还能带来成就感和满足感；企业家是社会经济发展不可或缺的力量；企业家是创新家而不是资本家，创业的利润来自创新的剩余，而不是剥削的剩余等思想观念。促使大学生在思想上形成对创新创业概念的正确认识，有了观念的指导才会出现相应的行为，接受了创新创业观念后大学生才会做出创新创业的行为。同时，高校在创新创业教育中要为创办企业的行为赋予意义，以此鼓励优秀学生实施创新创业行为。

（二）创业是以知识型为目标的创新创业

高校的创新创业教育是以创新为基础的创造性思维训练，其内容主线是知识型创业，其承担主体是知识劳动者，即大学生群体。在高校创新创业教育的过程中，让大学生的创新创业能力产生凝聚力。

创新能力的凝聚受到很多外生性因素的影响，如需求条件、企业决策等，但是最为关键的还是通过内化知识的不断积累，在实践过程中所展现出来的创新创业能力。

（三）创新创业是以自我实现为目标的观念教育

高校创新创业的目标就是为了让学生能够在受教育过程中完成自我教育，并最大限度地避免出现统一化，根据学生的实际能力水平做到有层次、有差异、全面性的教育，帮助学生实现自我价值。要实现这一目标，就需要对全体大学生进行创新创业教育，提高学生的创新意识、创业精神和实践能力；为具有创业愿景的学生制定有针对性的人才培养方案，有目的地提升学生的创新创业能力；将大学生创新创业教育与专业教育结合，不忘提升学生的专业素质。

（四）创新创业教育是一种长期的行为

创新创业教育的基本要求和实践模式是面向“全体学生、结合专业教育、融人人才培养全过程”。创新创业教育不需要与传统的专业教育一样进行讲述性教学，教师单方面地给学生灌输知识，而是要以学生为主体，根据学生的不同差异来发现他们自身独特的优势和价值。教育是为了让学生终生受益，而并非是为了某些功利性的短期目标。因此，创新创业教育是一种作用于教育对象整个人生过程的长期行为。

二、“互联网 +”时代要求开展创新创业教育

我国正处于经济转型期，市场竞争日益激烈，并且当代已经进入“互联网 +”时代，许多行业发生了空前变革，传统的从事重复性、体力劳动的劳动力也已经被机器取代，在全新社会经济局面和就业压力下，高校创新创业教育能够帮助大学生缓解就业压力，寻找新的就业出路，同时还能为社会创造更多的就业岗位，有助于缓解劳动力资源与社会岗位供需之间的矛盾，促进社会稳定，促进社会经济健康发展。创新创业教育的实施能够让大学生树立合理的就业观念，鼓励大学生自主创业，同时让大学生具有创业过程中所具备的能力。

在我国社会经济转型期，创新创业教育是我国高等教育的必要补充和发展。创新创业教育对于促进就业、缓解社会矛盾、推动经济健康发展、维护社会稳定具有重要意义，是时代发展的要求。

（一）有利于社会经济的转型和知识经济的发展

知识经济是以知识为基础、以脑力劳动为主体的经济，知识取代了资本、土地、原材料等原始资源，成为最核心的驱动资源，而对于知识资源的来源来说，最重要的是高素质的人力资源，知识经济的核心在于发挥人的创新能力。知识的提升以高素质人才为基础，复合型、创新型的人才具有强烈的创新意识与精神、实训实践能力、创业能力，成为知识经济发展中最珍贵的资源。

高等教育在国家教育系统中具有重大意义，是最大的人才培养基地，为国家输送着现代化建设的新生力量。目前，随着知识经济的发展，高等教育的目标也随之发生了变化，从培养传统的就业型人才转变为培养创业型人才，为国家的创新体系提供重要的支撑，并成为科技知识传授的核心领域，在创造知识、传播知识、转化知识及应用知识等诸多领域具有无可取代的优势，极大地推动这知识经济的发展。

我国还处于经济转型的关键时期，计划经济的弊端仍未彻底消失，市场经济运行机制还不够完善有序，还有许多不稳定因素阻碍着社会经济向前发展，因此要继续改革旧制度，建立更加科学、合理的健康制度来适应未来经济发展的需求。高校的创新创业教育对于推动我国经济转型有着重要意义，能够帮助我国的经济发展在整体上有跨越式的发展进步；可以促进新兴企业、产业的出现，优化产业链，完善产业结构，为经济发展带来新的增长点；提高人才质量，使毕业大学生同时拥有从业于创业的能力。

（二）有利于提升全民综合素质与深化教育改革

在知识经济和市场经济的发展和完善中，社会对人才的能力要求以及素质水平

要求更高，只有提升全民素质，才能适应快速发展的市场经济的需求。经研究，教育和学习对于人与人之间的素质差距有着决定作用，要提升全民素质必须从教育着手，因此要继续深化教育改革。创新创业教育在内容和形式都对传统教育、传统就业教育进行了创新，不仅转变了受教育者的就业与创业观念，也影响了人们的教育观念与人才观念。显然，创新创业教育在我国教育领域中是一次突破性的改革，是结合我国的实际情况，借鉴和学习国外优秀教学经验后所开创的一种教学模式，对教学和人才培养都提供了重要的保障。

在实行教育改革时，从教育理念到内容体系，从教育方法、手段到教学环境，都需要以教育目标为指向寻求解决。可以简单地理解为培养人的目标，便于从社会整体提升国民素质。当今，我国处于调整经济结构和制度的关键时期，提高全民素质水平能够促进人才在当地的经济建设中发挥出更大的作用。

创新创业教育的教学内容突破了学科专业内容与市场行业的壁垒，不仅拓展了学生的眼界，还有效地将课堂的理论知识与社会实践内容结合，从整体上完善了学生的知识结构体系。学生在学习过程中可以结合自身的不足之处和需求，选择性地学习知识，这样每个学生构建的知识结构是个性化的，有利于提高学生对创新创业教育主动接受程度，从而提高教育效果。

创新创业教育的教学形式不再只有传统讲授，教师会在教学活动中开设小组讨论、课堂实训等环节，在课堂中模拟真实的场景，让学生进行角色扮演、案例分析，促使大学生自主探索，增强自主学习的能力。此外教师还会组织丰富多样的创业实践活动，为大学生在未来的创业中积累有益经验，来提升学生们的社会竞争能力，如寻找新的市场商机、寻找合作伙伴、创立新企业等。

高校肩负着为国家输出创新型人才的重任，要培养创新型人才必须对教育进行深化改革，改变教育的传统定式，赋予教育新的功能，使其与社会、经济的联系更加紧密，三方相互促进、协调发展，全面提升学生的创新创业意识和精神，以及实践能力。这不仅是高校培养创新型人才的使命要求，更是教育本身的要求与必然趋势，这对于我国高等教育的改革创新有着重要意义，同时它也是高等教育在知识经济时代应对挑战的方式。

（三）有利于推进与支撑区域经济的发展

丰富的高质量创新型人才资源是西方社会经济高速发展的重要内在动力，创新创业教育的推广与实施能够挖掘与造就创新型人才，这些人才进行的创业活动对推进区域经济的发展起到了重要的推动作用。在不同的地方区域中，都有自身的产业优势来带动区域经济发展，创业者们在其中创业发展，创造了巨大的财富，有效促进了区域经济的发展繁荣。区域创业者自身的质量、水平与创业者数量，决定着新创办企业的数量和质量，决定着区域经济发展的长远性和协调性。另一方面，区域新创办的企业总数与质量被视为国家经济发展至成长期的一个重要权衡指标。

（四）有利于大学生个人成长与职业的发展

当代教育在对人才培养过程中更注重提升人才的综合素质，这是时代发展和国家要求的重任，高校每年要造就数以亿计的高素质劳动者。人才的综合素质不仅仅是指学生所掌握的文化知识，还包括了技术技巧、思想品德、创新创业素质等。在当今时代中，创业者的创业初衷不仅是要为了个人而创业，更要秉着为国家的繁荣发展而创业，成为社会主义现代化建设的开拓者和创业者，促进社会经济发展，增强我国经济实力。

在人的综合素养中，创新创业素质是一种高层次的素质能力指向，这项能力可以让学生终生受益。大学生的个人成长和职业发展是一个长期而复杂的过程，受到很多因素的影响，从自身因素来看，创新创业的意识和能力发挥着支撑和导向作用。创新创业教育能够让学生具有正确的创业意识，激发创新创业的潜能，提高创新创业能力，帮助学生完成全面发展，成为综合素质高的人才。只有具备创新创业能力的人才才能满足自我全面发展、实现自身价值，才能适应社会发展和国际竞争的需要，才能担起建设中国社会主义事业的大任。

对学生的创新精神和创业能力的培养是素质教育的重要内容，从某种层面来说，学生创新精神和实践技能水平的高低就是个体创业能力的直接展现，创业的核心要求就是创新，创业是创新的实现形式，所以创新教育的成果决定了创业能力的高低，从而决定了创业的成败。“创新与创业”归属于“创新实践”，一方面是对创新意识与创业能力的培养，另一方面是通过创业实践活动体现出创新意识与创业能力，在未来的创业实践中充分展现出高校创新创业教育的成效。

创新教育和创业教育侧重点不一样，创新教育注重对人的素质发展总体的把握，创业教育注重将学生培养成具有开创性的人，促进其实现人生的自我价值。创新教育与创业教育的教育理念本质相通不可割裂，二者相互促进，相互制约。创新创业教育能够系统地培养学生的创业精神与创业技能，这种新兴的教育思潮应值得被大力推广。

大学生是高校创新创业教育的受教育对象，在高校教育理论与实践研究中，应该密切关注大学生的创新意识和创业能力的培养情况。在现阶段，我国高校的创新创业教育严重不足，还未广泛开展，要加快创新创业教育的速度，扩大其推广范围。

（五）有利于营造创新创业的社会环境与文化氛围

社会企业的创办与经营状况很大程度上取决于社会大环境，只有稳定和谐、健康积极的社会大环境才能为企业的发展提供可靠的保障。社会环境与创业教育实践相互作用，维护好了社会环境自然有利于创业教育实践的成绩，创业活动成功了自

然能够促进创新创业教育的推进、获得更多人认可。

建设维护社会大环境是国家相关职能部门的责任，首先，势必需要政府的大力支持，即政策和资金上的帮扶，在西方成功的创新创业教育中，都有政府给出的各项支出措施，都将创新创业教育作为全民综合教育的重要内容，都为企业创业提供了丰厚的政策支持和保障；其次，政府相关部门要加强市场监管，规范市场行为，培育创业文化。

在支持创新创业教育的过程中，政府最重要的职能是规范市场行为，打造一个健康、高效的市场经济秩序，为经济发展营造良好的环境，对大学生起到激励和保障作用，激励大学生勇敢创业、勇于创新。

（六）有利于缓解就业难的社会问题

加大力度发展创新创业教育能够促使更多的大学生进行创业，有利于缓解大学就业压力，同时创业为社会新增了许多就业岗位，从整体上促进了就业。各国对以创业带动就业和经济发展达成了共识。例如，美国的 2200 万个私营小企业雇佣的劳动力占全国劳动力总数的 53%，显然，私营企业在减轻社会就业压力方面发挥了重要作用。

我国未来的几年内，劳动力将迅速增长，高校毕业生总数也会逐年增长，大学生的就业竞争将愈发激烈。面对如此严峻的就业形势，必须要加大高校创新创业教育的力度，提高人才质量，转变大学生的就业观念，提高大学生的创新意识和创业能力，激励大学生勇敢创业，缓解大学生就业压力，促进劳动力就业。

第二章 "互联网 +"时代大学生创新创业教育的现实审视

近些年来，随着互联网与各行业之间的联系越来越密切，为了使得高校正确引导和支持大学生创新创业，国家出台了大量针对性的政策，发布了大量相关文件。例如，2014 年，我国人力资源和社会保障部在《关于实施大学生创业引领计划的通知》中提到要为大学生创业提供创业经营场所、加大创业资金支持、加强创业公共服务建设等，以便于更好地推动大学生创新创业；2015 年，国务院在《关于深化高等学校创新创业教育改革的实施意见》中提到要全面建设创新创业教育体系，就需要高等院校有效开展创新创业教育，切实培养大学生的创新创业意识，提高大学生的创新创业能力，使大学生能够自觉地开展创业实践活动。高等院校作为培养高素质人才的场所，必须要做创新创业人才的培育工作，转变人才培养思路，通过加强高校与企业之间的联系来提高创新创业的实效性。例如，聘请企业家为高校大学生讲述创业经历，使高校大学生对于创新创业形成更深刻的认识。当前，我们正处于"互联网 +"时代，这为大学生开展创新创业提供了新的机遇，因此高等院校必须要推进创新创业教育工作，加强师资队伍建设，提高大学生的综合素质，使其真正具备创新创业的能力。

第一节 大学生创新创业教育的优势

创新创业教育是我国高校教育改革过程中的一项重要内容，一直受到我国政府、社会的广泛关注。而随着"互联网 +"时代的到来，互联网与各行业之间的联系越来越密切，这为高校大学生提供了良好的创新创业平台，这客观上要求高等院校要提高大学生的创业意识和能力，使其能够把握住良好的时机。充分利用现有的资源来进行创新创业。再加上我国政府、各行业对于大学生创新创业的密切关注，因此

高校在“互联网 +”时代开展创新创业教育有着明显的优势，具体表现为以下几点。

一、国家战略支持和重视

创新是人们突破固有思维的束缚，充分运用所学的知识和周围的物质，从而创造新的事物的能力。对于一个民族而言，创新能力与创新思维是推动民族持续发展与进步的动力。自 20 世纪 80 年代以来，我国在经济、政治等方面取得世界瞩目的成就，极大地提高了我国在国际上的地位，这些成就与我国对于创新工作的重视是密切相关的。时至今日，创新工作仍是一项极为重要的工作。面对西方国家带来的各种挑战，我国必须要加以重视，不断提高自身的创新能力，加快推进创新型人才培育工作。从目前的情况来看，我国相当一部分高校对于学生创新创业意识和能力培养工作的重视程度不够高，必须要做好相关的引导工作，从而更好地培育创新型人才。

在“互联网 +”时代，人们的生活方式发生了极大的变化，不再只是从报纸、电视、广播等传统媒体来获取信息，而是通过智能手机、电脑等工具轻松地获取想要的信息；不再只是在线下购买商品，而是通过购物平台在线上选择并购买商品等。与此同时，互联网也为各行业增添了新的发展动力，促进了各行业转型升级。近些年来，我国互联网的普及速度越来越快，网民数量也越来越多，但是我国与西方网络强国仍有较大的差距。针对这一现状，我党在 2015 年 10 月召开的中国共产党第十八届中央委员会第五次全体会议指出要实施网络强国战略，将我国建设成为网络强国。在此过程中，我国必须要加强网络信息技术的创新工作，加快创新型人才的培养工作。高等院校是我国人才最重要的人才培养基地，必须切实开展有效的创新创业教育工作，培养大学生在网络时代进行创新创业的意识和能力，这样才能真正推动网络强国战略的实施。

要将我国建设成为创新型国家，就必须要加大对创新工作的投入、提高国民的自主创新能力、培养具有较强创新能力的人才队伍。大学生是我国社会主义建设事业的接班人，也是创业的主力军，是创新驱动发展战略的重要力量，而高校创新创业教育是促使大学生成长为创新型人才的关键，因此必须要切实推进高校创新创业教育，培养大学生的综合能力，使其成长为创新型人才，为建设创新型国家作贡献。

二、符合高等教育深化改革和发展的趋势

一直以来，我国对于高等教育改革工作都保持着高度的重视，并且在近些年来已经取得一定的成果。在新的时代背景下，我们必须要更加重视高等教育的改革工作，根据当前社会对于人才的需求来建立新的人才培养模式，进一步加大对创新创业教育的重视，以便于更好地完善教育体系，从而为各行业培育优秀的高素质人才。

在高等教育改革创新座谈会上，李克强总理提到：“高等教育要着力围绕服务

国家创新发展，促进大众创业、万众创新，培育更多创新型人才”。从中可以看出，我国当前的高校教育人才培养目标是培养创新型人才，因此高校的人才培养工作应该符合这一目标。国家对于创新型人才的要求越来越高，这标志着我国对于创新的重视程度也越来越高，因此高等院校必须要顺应国家对于创新型人才的要求来开展人才培养工作，不断提高大学生的创新意识与创新能力，从而满足社会各行业对于创新型人才的需求。

对于高校大学生而言，创新创业教育不仅为自身指明了新的发展方向即创业，也改变自身对于教育的认识。在以往的传统教育模式中，学生的学习状态是被动的，按照教师的规定学习相同的内容，大学生的主观能动性无法有效发挥，因而阻碍了大学生创新能力的发展；而创新创业教育并不会强制大学生学习相同的内容，而是要求大学生根据自身的实际情况来选择相关的学习内容，最大程度地满足大学生的个性发展需求，从而使大学生积极主动地投入到学习过程之中，这有助于发展大学生的创新能力。与此同时，传统教育模式往往会出现重视理论层面的教学而忽视实践层面的教学，导致大学生在步入社会后无法将自身所学的知识运用到具体实践之中的情况；而创新创业教育则不同，它要求高校教师以当前社会的实际发展情况为依据来制定教学内容，比如举办以创新创业为主题的竞赛来引导大学生正确认识创新创业，鼓励其参赛锻炼自己的能力，有利于学生能够在毕业后尽快适应社会的发展节奏，将自身所学知识充分运用到具体实践之中。由此可见，创新创业教育克服了传统教育的弊端，学生的主观能动性得到充分发挥，有利于激发学生自主学习，提高创新意识和能力，同时注重实践教学的方式也能提高学生的社会实践能力。

随着“互联网 +”时代的到来，我国对于高校教育又提出了更高的要求，要在网络时代发展高校教育，必须深化教育改革，使高校教育网络化，而创新创业教育能够解放师生的思维，有利于推进教育改革。换言之，开展创新创业教育符合高等教育深化改革和发展的趋势。

三、切合我国经济转型的需要

随着经济全球化趋势的不断加强，国家之间的竞争也越来越频繁，如果一个国家没有具备足够强大的经济实力、政治实力、科学创新能力等，就容易在国际竞争中处于劣势地位。从目前的情况来看，我国在社会经济的发展过程中仍存在一定的不足之处，科学创新能力也有待提高，这并不利于我国经济转型和升级。针对这一现状，我国在“十二五”规划纲要中提出：“坚持把科技进步和创新作为加快转变经济发展方式的重要支撑”。由此可以看出，我国对于“创新”和“科技”的重视程度较高，即通过大力推动创新和发展科学技术来推动社会经济发展，这对于高等院校开展大学生创新创业教育工作有着重要的推动作用。

要加快推进新型产业的发展和传统产业的转型升级，仅靠资金投入还远远不够，

还必须要培养创新型人才。高等院校承担着为社会各行业培育高素质人才的责任，因此必须要加大对创新型人才培育工作的重视。但是，过去我国大多数高等院校都侧重于理论课程的教学，对于实践教学的重视程度并不高，这导致相当一部分学生的创新能力并不强，无法满足社会对于创新型人才的需求，这客观上要求高等院校对教育内容、教学目标进行改革，提高大学生的实践能力，以便于更好地适应社会发展需求。在此背景下，创新创业教育应运而生。在开展创新创业教育的过程中，学生能够摆脱固有教育观念的束缚，充分发挥自身的主观能动性，通过实践的方式来深化自身对于创新创业的认识。与此同时，大学生在接受创新创业教育的过程中能够对自己的综合能力拥有更加全面深刻的了解，从而更加明确未来发展的方向，并且能够根据自身的专业能力和时代需求来进行创业。这些好处都有利于促进我国新型产业的发展和传统产业的转型升级，从而推动社会经济发展。

第二节　大学生创新创业教育的局限

在“互联网＋”时代，我国的高校大学生虽然会遇到新的创业平台和创业机会，但是在复杂的社会环境中一定会遇到一些阻碍，还有可能遭遇创业失败。因此，为了增加大学生创业成功率，高校要不断改进创新创业教育中的不足，使大学生成为能够适应社会发展的创新型人才。

一、创新创业教育形式化

（一）创新创业教育理念混乱

对于高等院校而言，开展创新创业教育的主要目的是培养具有较强社会适应力的创新型高素质人才，而能达到这个目的的有效方式则是开展创新创新教育。但是，作为一种新的教育模式，创新创业教育的教育理念却有着明显的滞后性，无法为高校开展创新创业教育工作提供正确的指导，导致高校创新创业教育工作无法得到科学的开展。因此，高校开展创新创业教育工作应该解决的首要问题是树立科学先进的教育理念，以便教育工作获得正确指导。

相比于教育条件先进的西方发达国家，我国的创新创业教育起步较晚，尚未形成完善的创新创业教育体系，因此无法真正发挥其应有的作用。在 20 世纪 90 年代，我国有相当一部分学生面临着就业难的问题，因此当时一些高等院校开展创新创业教育活动的主要目的在于引导学生创业，缓解社会的就业压力。这样一来，高等院校所开展的创新创业教育就偏离了原来的方向，只是简单地对大学生进行创业技能

培训、鼓励学生自主创业，而不是提高大学生的创新创业意识，这意味着大学生可能没有形成创造性思维，没有真正理解创新创业的内涵和根本需求，导致大学生在社会实践中却反创新创业能力。与此同时，当时能够接受创新创业教育的学生也并不多，这一定程度上影响创新创业教育的成效，导致其他未接受创新创业教育的学生无法有效地进行创业。事实上，创新创业教育既不是简单的技能培训，也不是精英阶层专属的教育，教育对象是全体大学生，目的是培养全体大学生的创新创业意识和能力，鼓励大学生大胆地进行创新实践。随着“互联网 +”时代的来临，高校大学生的创业机遇将会变得更加丰富，创业平台也会变得更加广阔，因此高校必须要重新梳理创新创业教育理念，加大对高校大学生创新创业意识和创新创业能力的培养，引导大学生根据自身的实际情况和社会的需求情况来明确创业方向，顺应时代对于创新型人才的要求，适应各行业对于人才的需求，从而有目的性地开展创业活动，这样才能更好地取得最终的成功。

（二）创新创业教育定位模糊

从我国教育部印发《关于做好 2016 届全国普通高等学校毕业生就业创业工作的通知》的内容来看，国家非常重视并大力推进高校创新创业教育工作，要求各大高校开设创新创业教育相关的课程，并将其纳入到学生考核工作之中。但是，从一些高校所开设的创新创业教育课程来看，创新创业教育课程与其他专业课程有着明显的差距，不仅学生不重视创新创业教育课程，连高校教师也没有意识到创新创业教育的重要性，在课堂上敷衍了事，不会对学生进行引导，任由学生做其他的事，这充分表明了有相当一部分高校对于创新创业教育课程的定位较为模糊。在目前，仍有一部分高校不重视创新创业教育，将其课程划分为公共选修课范畴，学生可以凭自己意愿选择是否学习创新创业教育课程，因为师生对创新创业教育的认识不够正确，因而很少学生会选择这门课程，这使得高校创新创业教育课程难以取得有效成效，工作进展缓慢。与此同时，创新创业教育课程的教师往往是一些没有创新创业经历的教师，因此他们不具备创业实践经验，甚至自身对创新创业教育课程也不以为然，只是简单地将书本上的知识复述一遍，没有引导学生养成创造性思维，也没有组织学生开展实践活动提高学生的创新创业实践能力，因此也无法将创新创业课程的精髓传授给学生，导致创新创业课程的实际效果较差。

虽然有的高校积极响应了教育部的号召，但是高校仅在大学生毕业阶段开设创新创业教育课程，无法覆盖大学生的每个学习阶段，这样的教育工作未能取得有效成果，流于形式化，无法充分发挥为高校大学生提供正确的引导。虽然有些创新创业教师会要求学生拟定一份创新创业计划书，但是在没有接受有效的课程教育的情况下，大学生缺乏自主制定创新创业计划书的能力，于是通过网上搜集相关资料来临时拼凑一份创新创业计划书，这样并没有实际意义，无法真正地提高高校大学生

的创新创业意识和创新创业能力。

另外，高校大学生对于创新创业的认识也不够深入。对于大多数高校大学生而言，他们更倾向于根据自身所学的知识来寻找一份合适的工作，而不是冒着风险来进行创业，这使得他们没有形成创新创业的勇气和意识，更无法集中精力来开展创新创业活动。尤其是在一些创业失败案例的影响下，高校大学生对于创新创业始终保持谨慎的态度，他们更渴望找份稳定的工作，过着稳定的生活。事实上，有相当一部分大学生没有意识到创新创业的目的不仅仅是为了自己的发展，也是为了国家的发展，而只有不断提高高校大学生的创新创业意识和创新创业能力，培养一大批创新型人才，这样才能更好地推动社会发展与进步。

（三）理论教育和实践教育脱节

理论教育与实践教育都是高校教育的重要组成部分，二者不分孰轻孰重，但是高校在开展创新创业教育的过程中却出现了理论教育与实践教育脱节的问题。从相关调查资料来看，在一些综合型和研究型高校中，对于创新创业教育课程中的理论教育的重视程度较高，但是并没有针对高校大学生来设置相应的创新创业实践活动，从而导致出现了重理论教育而轻实践教育的情况；在一些高职院校中，对于创新创业教育课程中的实践教育的重视程度较高，但是并没有针对高校大学生来制定相应的创新创业理论教学指导工作，从而导致出现了重实践教育而轻理论教育的情况。事实上，创新创业教育中的理论教育和实践教育同样重要，其中理论教育主要是为了提高大学生的创新创业意识，使大学生更好地理解创新创业的内涵，而实践教育主要是为了提高大学生的创新创业能力，使大学生更好地开展创新创业实践活动，只有兼顾理论教育和实践教育，才能更好地推动大学生进行创新创业活动。例如，在 XX 大学，高校教师在开展创新创业课程教学的过程会先对学生进行创新创业理论教学，然后再对学生进行相应的创新创业实践教学，使学生有足够的时间来了解创新创业的内涵，并通过具体的实践活动来检验和运用自身所学的知识，为日后开展创新创业活动奠定良好的基础。

当前，我国一些高校之所以无法有效地开展创新创业教学实践活动，其主要原因就在于理论教育与实践教育脱节，具体表现为三个方面：其一，高等院校的实践教育远远滞后于理论教育。在传统教育模式的影响下，高校教师会自觉地将理论教育摆在首位，而将实践教育摆在末位，导致实践教育远远落后于理论教育。同样，在考核学生的学习情况时，学校也更加注重学生学习理论知识的情况，而极大地忽视学生在具体实践中的表现情况。正是由于这些情况的存在，导致高校创新创业课程的实践教育远远滞后于理论教育。其二，部分高校没有认真贯彻国家政策。我国政府对于高校创新创业教育课程的重视程度较高，并且出台了一系列的政策，明确要求各大高校要重视并切实推进创新创业教育工作，号召高校为大学生建设创新创

业实践基地，为大学生提供有利的创业平台。但是，并不是每个高校都能够认真贯彻国家政策，大部分高校不仅没有培养专业的教师队伍，也没有建设大学生创新创业实践基地。即便是建设了大学生创新创业实践基地，也只对少部分学生开放，导致大部分学生无法正常开展创新创业实践活动。其三，创新创业课程设置不合理。近些年来，我国大多数高校都开设了创新创业课程，但是所开设的创新创业课程多为公共选修课，教师也采取的是照本宣科式的教学方式，真正取得的教学效果较差。与此同时，虽然有的高校会举办创新创业竞赛，但是比赛的设计和安排不完善，不足以有效提高大学生的创新创业意识和能力，大学生的理论知识和实践能力依然是脱节的。

二、创新创业教育资源缺乏

随着社会的发展，各行业对于创新型人才的需求越来越强烈，这客观上要求高等院校加快推动创新型人才的培育工作。教育资源是开展教育的基础条件，是顺利并有效地开展教育工作的先决条件，因此高等院校应加快整合创新创业教育的资源并进行有效利用，从而更好地推动高校创新创业教育工作的开展。

从宏观层面来看，创新创业教育资源主要分为四种类型，分别是学校资源、政府资源、社会资源、企业资源。其中，学校资源主要包括创新创业专业教师、图书馆、教学设备。由于创新创业教育活动主要是学校内进行，因此学校资源一般在创新创业教育资源中占据重要地位；政府资源主要包括政府出台的政策、政府投入的资金等。在开展创新创业教育的过程中，高校必须要以政府出台的政策作为指导，合理利用政府所投入的资金；社会资源主要包括创新创业的实践平台、资金等。在开展创新创业教育的过程中，高校必须要加强与社会各部门的合作，为大学生提供创新创业实践平台，引导高校大学生充分运用所学知识来进行创新创业实践活动；企业资源主要包括企业管理经验、企业家的创业经历等。在开展创新创业教育的过程中，高校可以聘请企业家来开设讲座，为学生讲述企业管理经验、创业经历等，让学生对创新创业的认识更加全面、深刻，有助于帮助学生理解其内涵，从而促使学生参与创新创业实践活动，提高实践能力。

从微观层面来看创新创业资源资源，可以将其分为四种：专业教师、专业教材、资金、教学场所。其中，创新创业专业教师的功能是教授学生创新创业理论知识，扎实的理论知识能为创业实践奠定积极的基础；创新创业专业教材是创新创业知识的载体，学生可以通过查阅创新创业专业教材来了解更多创新创业相关的知识；资金是开展创新创业教育的重要资源，支撑着创新创业教师开展教育活动；教学场所包括理论知识教学和实践活动的场所，是学生进行学习和实践的必要条件。据相关调查资料显示，无论是宏观层面的创新创业教育资源，还是微观层面的创新创业教

育资源，都存在着一定的不足之处，具体表现为以下几个方面。

（一）创新创业教育的专业教师缺失

教师是一个极为重要的职业，其对于引导学生学习文化知识和提高学生思想道德素养有着重要意义。在高等院校中，不同教师的专业特长有所不同，向学生传授的专业知识也有着明显的不同，因此要推动开展创新创业教育工作，就必须要引进创新创业专业教师，为学生提供专业的创新创业指导。但是，我国大部分高校严重缺乏专业的创新创业教师，在招聘时片面地看重教师的学历和学术成果，而很少会关注教师的创新创业意识和创新创业能力。如果创新创业教师本身并不具备较强的创新创业意识和创新创业能力，那么就难以在学生面前树立良好的榜样，也没有相应的专业能力开展创新创业教育实践活动。还有的高校直接让其他专业的教师代替创新创业专业教师开展创新创业教育活动，不具备创新创业教育专业能力的教师只能依照书本的内容来进行教学活动，这极大地影响了学生的学习积极性，导致学生难以认真对待创新创业课程。事实上，创新创业教育与其他专业学科教育有显著差异，教学内容和教学方法都很不一样，如果由其他专业教师来代替创新创业专业教师，那么学生的创新创业意识和创新创业能力都无法得到有效的提高，从而难以培养出创新型人才。由此可见，创新创业教育教师队伍的缺失是制约我国创新创业教育发展的因素之一。

（二）创新创业教育的专业教材缺失

我国的创新创业教育起步较晚，相关的研究工作也少，这导致创新创业教育的专业教材匮乏。随着社会经济的不断发展，各行业对于创新型人才的需求越来越强烈，但是我国有关创新创业教育的研究工作仍不够多，这就导致高校创新创业教育的专业教材不仅缺乏数量，还欠缺质量，教材内容滞后于时代发展，并且缺乏深度，对于学生的指导存在明显的局限性，无法真正满足学生的发展需求。另外，我国的创新创业专业教材主要内容是创业实践层面的，只粗略地对学生进行指导，缺乏详细的理论和实践论述，无法有效提高学生的创新创业意识和创新创业能力，无法真正指导学生进行创新创业活动。虽然西方发达国家对于创新创业教育的研究较广，但是由于国情不同，无法真正地运用到我国高校的创新创业教育之中。因此，创新创业专业教材的缺失也是制约我国创新创业教育发展的重要因素。

（三）创新创业教育的资金缺失

资金是开展教育活动的必要资源，高校创新创业教育工作需要耗费大量的资金，例如聘用、培训专业的创新创业教师，邀请企业家开办讲座也需要耗费一定的资金；建设大学生创新创业实践基地需要耗费大量的资金；刚毕业的大学生在进行创业时

也需要学校提供一定的资金帮助。但是，大多数高等院校的资金主要来源于政府的财政投入，而政府的财政投入是非常有限的，高校创新创业教育的资金需求难以满足，这就导致教育工作无法顺利开展，无法发挥其应有的教育作用。因此，资金不足是制约高校开展创业教育工作的因素之一。

（四）创新创业教育的实践场所缺失或使用不当

目前，仍有一部分高校缺乏资金来建设大学生创新创业基地，因此只能通过课堂教学的方式来开展创新创业教育，但是课堂教学只能进行理论知识教学，无法有效提高学生的实践能力。另外，有的高校建设了大学生创新创业基地，但是并没有完全向所有大学生开放，只是向部分专业学生开放，所以一些具有创业需求的大学生无法通过创新创业基地来进行实践，这抑制了自身创新思维的发挥。创新创业教育与一些理论性学科不同，它更倾向于要求大学生通过实践的方式来加深对于创新创业的理解，以便于在毕业后更好地适应创业活动。因此，高校缺乏创新创业教育实践场所不利于提高学生的创新创业意识和创新创业能力。

三、创新创业教育体系不完善

到了20世纪90年代，我国才正式开展创新创业教育的研究工作，短时间内难以形成科学、完善的创新创业教育体系，现阶段的高校创新创业教育体系存在一些尚未解决的问题，具体表现为以下几点。

（一）创新创业教育目标定位模糊

高校创新创业教育的目标是提高大学生的创新创业意识和创新创业能力，从而将大学生培养成为创新型人才。但是，就目前的情况来看，大多数高校对于创新创业教育目标的定位较为模糊，不明确创新创业教育的目标就无法有针对性地开展创新创业教育活动，也无法有效地开展创新型人才培养工作。久而久之，不仅无法引起高校各专业教师的重视，也无法让学生形成正确的认识，教育工作陷入形式主义。

我国大部分高校在开展创新创业教育工作的过程中有着明显的功利化倾向，认为创新创业教育的主要目的就是引导一部分学生就业，缓解大学生的就业压力，提高高校毕业生的就业率，所以没有将创新创业教育看作是一门专业课程，而是看作一种提高大学生就业竞争力的临时培训课程，也因此，大部分高校只对毕业生进行创新创业教育，这导致大学生没有接受系统的创新创业教育，没有对创新创业形成正确的认识，也没有提高创新创业能力。大部分学生错误认为想要创业的学生才需要接受创新创业教育，但实际上创新创业教育能帮助学生形成创新思维和创新能力，对于学生的未来发展有着很大的益处，因此所有学生都应该接受系统的创新创业教育。

高校对于创新创业教育目标定位模糊，直接影响到后续的一系列工作，例如，创新创业教师也无法明确创新创业教育的正确方向，因此只会教授学生教材上的简单的理论知识，不能引导学生自主实践，这导致学生无法提高创新创业能力，难以成长为高素质的创新型人才。

（二）创新创业教育尚未形成一门学科

要将创新创业教育形成一门学科，就必须要建立完善的创新创业知识体系，需要有足够的资金、专业的研究人员、满足条件的实践场所，但是现阶段我国大部分高校都未能满足这些条件，创新创业资金不充足，没有建立能够进行创新创业实践活动的场所，缺乏专业教师，因此我国无法使创新创业教育形成一门独立的学科。而在西方发达国家，创新创业教育已经形成了独立的学科，即“创新学”“创业学”，这对于我国具有重要的借鉴意义。

目前，国内各大高校对创新创业教育的认识尚未统一。大部分高校没有意识到创新创业教育的重要性，对其进行区别对待，因此相关教育机构无法对创新创业教育进行系统化的研究工作。但是，也有高校对于创新创业教育的重视程度较高，不仅聘请了专家学者对创新创业教育进行研究，还建立了大学生创新创业基地，这与其他高校形成了鲜明的对比。正是因为各高校对创新创业教育的态度不一致，导致无法展开系统的研究工作，因此难以建立完善的理论体系，高校的创新创业教育缺乏科学理论的指导。在开展创新创业教育的过程中，大多数高校都没有制定符合当地实际情况的创新创业教材，仍使用的是脱离社会实际情况的创新创业教材，并且主要通过传统灌输式教学来开展教学活动，没有开展相应的创新创业实践活动，导致学生的学习积极性普遍不高，无法为学生提供实质性的帮助，更无法提高学生的创新创业意识和创新创业能力。

随着“互联网 +”时代的到来，各行业加大了创新型人才的重视，希望通过引进创新型人才来更好地顺应新时代的发展。在此背景下，各大高校逐渐认识到创新创业教育对培养创新型人才的重要性，开始重视其教育工作，并开始进行理论研究工作，但是在其他方面仍存在一定的不足之处，因此短时间内无法使创新创业教育形成独立的学科。由此可见，高等院校除了加强创新创业教育的理论研究工作之外，还要加强其他方面的工作，例如创新创业实践场所的建设、创新创业教师的培训等，只有这样，才能加快高校设立创新创业学科的进程。

（三）创新创业教育与专业教育脱节

对于高等院校而言，开展专业教育的主要目的是培养专业型人才，这要求高校对各个学科进行分类，并根据各个学科的实际情况来制定相应的教学目标、课程体系和教学方式。与通识教育不同的是，专业教育并不是向所有的学生传授相同的专业知识和专业技能，而是根据学生的不同专业来传授专业相关的知识与技

能。而创新创业教育具有专业性，注重学生的个体差异性，教育工作具有针对性，引导学生根据自身所学的专业知识寻找适合自己的创业方向。因此，高校应当通过专业教育的方式来开展创新创业教育，使学生能够从所学专业的知识中了解如何进行创新，提高学生的创新创业意识和创新创业能力，从而更好地开展创新创业实践活动。

随着社会的进步发展，社会生产对于创新型人才的需求越来越大，高校开始重视并加强创新创业教育工作。但是大部分高校仍然将创新创业教育区别于专业教育，将其划为公共选修课，将其作为通识课程对待，这使得创新创业教育的作用无法得到充分发挥。同时，我国高校的创新创业教育起步较晚，尚未形成科学完善的教学体系，缺乏系统性的理论研究，因此专业教材具有明显的时代滞后性，这也是难以运用专业教育的方式来开展创新创业教育的原因之一。另外，我国高校创新创业教育注重理论忽视实践，无法有效地提高学生的创新创业实践能力，从而难以满足社会对于创新型的人才需求。因此，为了加强创新创业教育与专业教育的融合，我们就必须要进一步推进高等教育改革工作，不断完善创新创业教育课程体系，改善实践教育与理论教育失衡的情况。

（四）创新创业教育课程体系不完善

高校课程体系主要指的是高校针对某一专业所开设的一系列课程和开展课程教学的顺序，这对于高校大学生构建完善的知识结构有着重要意义。一般认为，一个完整的课程体系应包括五项内容，分别是课程目标、课程内容、课程结构、课程实施和课程评价，但是从我国高校目前创新创业教育的情况来看，创新创业教育课程体系并不完整。在一些西方发达国家，学生早在基础教育阶段就已经开始接受创新创业教育，当进行到高等教育阶段时，学生已经具备较强的创新创业意识和创新创业能力，而我国不同，一般只有高校大学生才能够接触到创新创业教育，这一定程度上影响了我国学生对于创新创业教育的认识。

与此同时，我国大多数高校开展创新创业教育并没有以培养学生的创新创业能力、促进学生全面发展为目标，而是基于就业方面的考虑，为了鼓励大学生创业，从而减轻大学生的就业压力，提高高校学生的就业成功率。高校教师在开展创新创业教育的教学过程中往往只注重理论层面的教学，缺少实践教育活动，学生的实践能力得不到有效培养。另一方面，大部分高校将创新创业教育课程划分为选修课程，学生可以自主选择是否学习创新创业教育课程，这导致主动接受创新创业教育的学生较少。即便是学生有着较强的创业需求，高校由于缺少专业的创新创业教师，因此无法为学生提供正确的指导，绝大部分教师不具备合格的教学素养，只能依据教材上的理论简单讲解，无法为学生提供实质性的帮助。因此，要培养创新型人才，就必须要解决创新创业教育课程体系不完善的问题。

第三节 大学生创新创业教育的突破

一、明确创新创业教育的目标

树立正确的教育目标是高校开展教育活动的基础条件，目标是行动的导向，因此，高校首先要设立创新创业教育的目标，围绕目标制定相应的课程内容、教学方式等，这是顺利开展教育活动的前提。创新创业教育关系到学生个人、社会、国家的发展，这要求高校在制定创新创业教育的目标时应当了解学生个人的发展需求、国家和社会各行业对于创新型人才的需求，从而有目的性地制定创新创业教育的目标。另外，我国高校创新创业教育还未形成科学系统的体系，因此，国家层面应制定教育战略目标，用来指导全国高校的创新创业教育工作，高校则根据自身条件制定具体目标，用以指导具体的教育工作。在此过程中，应做好以下几点工作。

（一）在战略目标上必须坚决贯彻中央部署

2015 年，我国国务院办公厅在《关于深化高等学校创新创业教育改革的实施意见》中明确指出了未来五年我国高校创新创业教育应当实现的目标。从中可以看出，我国的创新创业教育目标主要表现为两点：其一，形成具有中国特色、科学先进的创新创业教育理念，重视并加强开展高校创新创业教育活动；其二，不断构建并完善创新创业教育体系，提高理论教育和实践教育的质量，培养具有能够适应社会的创新型人才。总的来说，我国高校创新创业教育的战略目标主要分为两点：首先，通过广泛开展创新创业教育研究工作，树立符合时代精神的科学的教育新理念，并运用教育理念指导各高校开展创新创业教育工作，扩大创新创业教育活动的普及范围；其次，通过开展创新创业教育活动来明确当前创新创业教育活动的不足之处，针对这些不足之处来调整创新创业教育内容，以便于更好地建立完善的创新创业教育体系，并通过开展创新创业实践活动来不断提高学生的创新创业意识和创新创业能力，增强创新创业教育的效果。

（二）在具体目标上必须注重实效

高等校院作为培育人才的场所，其具体目标关系到人才培养工作的内容，因此必须要根据实际情况来制定具体目标。在“互联网 +”时代，各行业对于创新型人才的需求较为强烈，因此高校应当以培养创新型人才作为目标，从而开展创新创业教育。在制定具体的创新型人才培养目标时，高校应当先明确辨识创新型人才的标准，然后根据创新型人才的标准来决定人才培养工作的内容，从而有针对性地开展人才培养工作。在过去，我国一些高校开展创新创业教育的目的只是简单地引导学生进行创业，却没有让学生对创新创业形成正确的认识，也没有有效提高学生的创新创业能力，缺乏正确的意识和足够的能力，学生的创业成功率较低。因此，高校的创新创业教育应将培养大学生的创新创业意识、全面提高大学生的创新创业能力作为教育目标，要帮助大学生充分发挥主观能动性，形成创新思维，提高创新创业能力。与此同时，高校创新创业教育的内容并不是固定不变的，应当根据学生的实际情况和社会对于人才的实际需求来调整创新创业教育的内容，这样才能使学生更好地顺应时代的发展，满足社会对于人才的需求。

（三）加大对目标实施过程的重视

高校在制定创新创业教育的目标之后，必须要发挥教育目标的导向作用，制定与教育目标方向一致的教学内容、教学方式等，促进教育目标的实现。与此同时，高校所制定的创新创业教育目标并不是毫无缺陷的，这需要通过实践来改进理论，需要通过创业专业教师在具体的教学活动中了解目标的不足之处，进而做出相应的调整和改进，以便于更好地培养社会所需的人才。在"互联网 +"时代，高校创新创业专业教师更应该调整自身的教学思路，了解新型创新型人才的标准，将互联网创业知识融入到创新创业教育目标的制定过程之中，从而更好地培养具备互联网思维的创新型人才。

二、明确创新创业教育的内容

随着"互联网"时代的到来，社会各行业对于创新型人才素质要求更高，满足社会需求的人才应该具备创新创业的意识、精神、能力、知识、品质等，对综合素质要求更高。面对社会各行业对创新型人才所提出的要求，高校应当更加明确创新创业教育的目标，并制定相应的创新创业教育内容。在高校创新创业教育中，创新创业教育内容起着至关重要的作用，它直接关系到创新型人才培养工作的成效，因此高校创新创业专业教师必须要选择合适的创新创业教材、科学有效的教学方法等来开展创新创业教育工作，以便于更好地培育创新型人才。

（一）创新创业意识

意识是人脑对于客观事物所产生的主观感受，其对于人们开展实践活动具有一定的指导作用。在开展创新创业活动时，人们的意识会对行为产生很大的影响，良好的创新创业意识是促使人们产生正确的创新创业行为的前提，因此，高校应加强对大学生的创新创业意识的培养。在过去，大多数大学生在毕业后都会根据自身所学的专业知识去找一份合适的工作，而不是去创业，这说明传统的教育模式并不利于培养学生的创新创业意识。所以，高校必须要加强对大学生的创新创业教育，通过引导大学生形成创业意识，促使大学生形成创造性思维，从而提高创业成功率。与此同时，高校应当明确的是，创新创业意识并不是简简单单就能够培养的，必须要坚持长期对学生进行引导，例如在课堂上展示国内知名企业家的创业历程、组织开展创新创业实践活动、讲述创新创业活动对于人生的重要意义等。只有这样，高校大学生才会意识到创新创业活动的重要意义，从而逐步形成创新创业意识，引导自身开展创新创业活动。

（二）创新创业精神

创新创业活动并不是一帆风顺的，由于高校大学生的经验不足、能力不强等原因，可能会导致学生在创新创业过程中面临一系列的挑战，从而影响创业活动的成功率。如果大学生要克服创新创业过程中的挑战和困难，就必须要培养自身的创新创业精神，即创新精神、竞争精神、不畏艰难的精神等。因此，高校应该把挫折教育的内容纳入创新创业教育课程中，提高大学生的抗挫折能力，培养其坚毅的性格和拼搏的精神，促使大学生自发提高自身各方面的能力，培养自身面对挫折的正确态度。与此同时，高校创新创业教师应当明确，每个学生的个性特点有所不同，有的学生本身就具备吃苦耐劳的性格，也有的学生一遇到挫折就选择逃避，因此教师应根据学生个性特点来制定相应的创新创业教育内容，在教育过程中不断引导每个学生正视挫折、直面挫折，使学生以正确的态度对待挫折，进一步培养学生的创新创业精神。

（三）创新创业知识

创新创业活动对于高校大学生的要求相对较高，除了要掌握创新创业专业知识之外，还要了解一些有关经济学、市场营销、社会学等方面的知识。因此，高校在开展创新创业教育的过程中，应当引导学生主动学习创业相关的专业知识，以便为开展创新创业活动奠定良好的基础。与此同时，高校大学生还应加强对国家政策和相关法律知识的了解，确保创新创业活动符合法律规范和国家政策要求，这样才能更好地开展创新创业活动。作为一名创业者，首先必须要打造自身最具市场竞争力的产品，在市场上形成自身独特的优势，所以高校大学生在创新创业之前必须要先明确自身的优势之处，并根据自身所学的专业知识来明确创业方向，然后有目的性地开展创新创业活动。学习专业知识固然重要，但更重要的是懂得如何将所学的专业知识运用到创新创业过程之中，这要求高校大学生必须要在创新创业实践活动中积累经验，以便于在具体的创新创业活动中灵活地运用所学的创新创业知识和其他专业知识。

（四）创新创业能力

与高校内的创新创业实践不同的是，社会中的创新创业活动竞争相当激烈，稍

有不慎就有可能会导致创业失败，从而使创业者承受极大的压力。因此，在高校开展创新创业教育的过程中，不仅要提高大学生的创新创业意识、丰富大学生的创新创业专业知识储备，还要着重提高大学生的创新创业能力。一般认为，创新创业能力具体表现为管理能力、决策能力、人际沟通能力、洞察商机的能力等，这些能力是影响大学生创业成功率的关键因素。有的学生在大学期间已经具备了较强的人际沟通能力、管理能力等，但也有学生并没有具备这些能力，因此高校创新创业教师必须要明确每个学生的不同情况来因材施教。例如，当学生已经具备了较强的人际沟通能力、管理能力、决策能力等一系列能力时，教师应当注重学生在实践中的表现，根据实际情况针对性地加强对学生的创新创业教育，提高其综合能力；当学生并没有具备这些能力时，教师应当引导学生开展相关的活动来培养各方面的能力，从而为开展创新创业活动做好准备。与此同时，高校创新创业教师还要引导大学生开展创新创业实践活动，使学生能够更好地锻炼自身的能力，并从实践活动中汲取丰富的经验，以便于大学生更好地适应社会中的创新创业活动。

（五）创新创业品质

品质指的是人的行为所显示出的品德和素质。对于一个创业者而言，良好的创新创业品质是持续开展创新创业活动的重要保证，这要求创业者提高自身产品的质量，竭力为消费者提供优质的服务，并在创业过程中保持乐观向上的态度。当一个具有良好创新创业品质的创业者创业成功时，就会主动地投身于社会建设之中，为社会发展贡献自己的力量。高等院校作为培育高素质人才的重要场所，承担着为社会培育高素质人才的责任，进而更好地促进社会发展与进步。因此，高校在创新创业教育的过程中，不能忽视对学生创新创业品质的培养，要引导学生养成良好的思想品德和专业素质，促使学生成为具有出色品质的创业者。在此过程中，高校创新创业教师应当营造良好的学习氛围，为学生树立良好的榜样，引导大学生树立正确的价值取向，从而更好地成长为优秀的创业者。

综上所述，高校创新创业教育应全面培养大学生，使其拥有良好的创新创业意识、创新创业精神、创新创业知识、创新创业能力、创新创业品质，高校在开展创新创业教育的过程中应当将这五项内容融入专业教材、教学内容、教学方法之中，以便于更好地引导高校大学生开展创新创业活动。

三、认清创新创业教育的现实困境

我国的创新创业教育起步较晚，发展经验不成熟，加上长期以来大部分高校开展的创新创业教育工作流于形式主义，因此与西方发达国家的教育发展差距较大。为了切实推进我国创新创业教育的发展，首先要寻找并正视当前教育发展中存在的问题。

从我国创新创业教育的发展历程来看，我国在 20 世纪 90 年代才正式开展创新创业教育的研究工作。在 1997 年，清华大学首次将创新创业教育融入到高校教育体系之中，这为其他高校开展创新创业教育提供了良好的借鉴。随后，在 1998 年，首次“创业计划大赛”在我国成功举办，这是第一次实现以竞赛的方式开展高校创新创业教育。1999 年，首届“挑战杯”中国大学生创业计划竞赛在清华大学举行，这标志着我国开始以举办创业计划大赛的形式将创新创业教育引入到各大高校，客观上要求各大高校加大对创新创业教育的重视。从中可以看出，举办创业设计大赛能够有效地吸引国内各大高校的注意力，从而更好地推动高校开展创新创业教育。与此同时，我国政府也对创新创业教育较为重视。在 1998 年，我国教育部在《面向 21 世纪教育振兴行动计划》中提出了要培养一批具有创新能力的高素质人才，要求各大高校加强教师和学生的创业教育，引导教师和学生创办高新技术企业。随后，各大高校积极响应该行动计划，依据自身的实际情况来开展创新创业教育，致力于为社会培育一大批具有创新能力的高素质人才。例如，在 XX 大学中，高校教师针对行动计划的要求对创新创业教育开展了相关的研究工作，并提出了“创造、创新、创业”的创新创业教育理念，这为开展创新创业教育提供科学有效的指导。

为了更好地推动高校创新创业教育发展，我国教育部在 2002 年正式将清华大学、上海交通大学、武汉大学、北京航空航天大学、黑龙江大学、西北工业大学、中国人民大学、西安交通大学、南京财经大学作为创业教育试点院校。在此过程中，不仅仅为这些高校提供政策和资金支持，还鼓励各高校根据自身的实际情况来确定创新创业教育的教学目标、教学内容、教学方式，这些措施能够促使我国高校的创新创业教育形式多样化。但是，我国开展的对创新创业教育的研究工作较少，高校创新创业教育工作缺乏丰富的指导经验，只能自己摸索着开展教育工作，因此高校教师在缺乏指导的情况下依然采用传统教育模式开展教育活动，这极大地阻碍了创新创业教育的发展。针对这一情况，我国教育部高校司在 2003 年开办了“创业教育骨干教师培训班”，并邀请国外专家进行指导，这对于提高我国高校教师的专业水平有着重要意义。随后，我国在 2005 年开展了大学生 KAB 创业教育项目，该项目能能够有效促进大学生创业意识和创业能力的提升。

在 2010 年，我国教育部在《教育部关于大力推进高等学校创新创业教育和大学生自主创业工作的意见》中提到：“创新创业教育是适应经济社会和国家发展战略需要而产生的一种教学理念与模式。”从中可以看出，我国已经将创新创业教育提到了国家发展战略的高度，要切实推动这一战略发展就需要培养优秀的创新型人才，而高校是人才培养基地，因此要求各大高校全面开展创新创业教育。在该时代，我国高校创新创业教育发展积累了数年经验，有关研究也逐渐丰富，部分高校已经树立了对创新创业教育的正确认识，因而高校开展的创新型人才培育工作也有了较高的质量。例如，在 XX 大学中，不仅设立了大学生创业孵化中心，还开展了大量

有关创新创业教育的课程，为学生学习创新创业知识、开展创新创业实践提供了一定的帮助，这为其他高校开展创新创业教育提供了良好的借鉴。

以上这些举措都与大学生就业有着密切的联系。据相关统计资料显示，在1999年，我国的大学毕业生共85万人，但是到了2009年，我国的大学毕业生已经超过530万人，并且在随后的几年间，大学毕业生的数量呈现逐年上升的增长趋势，在这种情况下，首先出现的大问题就是就业供需不平衡的问题。如果不加以重视，必将会影响我国社会经济发展。

除此之外，其他一些因素也影响了我国高校大学生就业。例如，大学生错误的就业观念。有的高校大学生执着于公务员、教师等职业，对于其他职业有着明显的偏见，因此无法及时就业；我国劳动力市场供大于求，社会各行业的工作岗位数量有限，无法为所有的劳动力资源提供相应的岗位，再加上我国城市化进程加快，农村人口涌入城市，这些都使得劳动力市场处于饱和状态；互联网信息技术和科学技术的发展。随着科学技术的不断发展，一些机器逐渐取代了人力，这使得我国原来的一些岗位逐渐消失，进一步加剧了就业问题。在“互联网+”时代，各行业对于高素质人才的需求越来越强烈，如果人们没有足够的知识与能力，就无法满足行业需求，从而导致失业。而大多数大学毕业生没有社会工作经验，对于工作内容的了解较少，无法在较短的时间适应工作岗位，因此难以满足一些用人单位的需求，从而难以及时就业。

现阶段我国高校创新创业教育的发展情况整体取得了一些进步，但是仍然有很大的提升空间，教育过程中还有许多问题需要解决。因此，要进一步推进高校创新创业教育，必须要加强对国内高校的正确引导，高校切实开展积极有效的教育活动才能帮助大学生树立正确的创业和创业观念，培养大学生的创新创业意识和创新创业能力。例如，某些大学生没有形成正确的就业观，认为只有公务员、教师、事业单位才是好的出路，从而导致自身难以就业。而开展创新创业教育有助于引导大学生树立正确的就业观，“先就业再择业”，即先根据自身所学的专业知识来选择合适的职业，然后根据自身的适应能力来决定是否要选择其他职业。与此同时，高校还应该为创新创业教育创造实践教学的机会，通过实践教学活动使大学生更好地明确社会对于人才的需求和自身的不足之处，从而有针对性地提高自身的能力，为日后的就业做好相应的准备工作。另外，高校创新创业教育还有助于引导高校大学生自主创业，这不仅能够激发大学生的创新思维和创造能力，通过开办企业来充分发挥大学生所学的专业知识，还能够为社会创造更多的工作岗位，为促进社会稳定发展做出一定的贡献。

第三章 “互联网 +”背景下大学生创新创业的影响因素及路径选择

第一节 “互联网 +”背景下大学生创新创业的影响因素

我国现阶段的发展还处于深度调整阶段，大学生创新创业教育所面临的主要形式有 5 个方面：第一，自主创业环境不理想；第二，缺乏启动资金；第三，大学生创业能力有待提高；第四，家庭社会支持力度不够；第五，缺乏合适的创业项目。

对于大多数大学生来说，创业并不仅仅只是为了生存，而是大学生实现自我价值的一个方式和途径。从现阶段来看，大学生还处于由理论到实践、从求知到创业的转折时期，大学生创新创业也逐渐被社会所关注，无论对大学生个人还是社会来说，都将会产生重大的影响。但是，从本质上看，创业活动是一项挑战性极高的社会实践活动，在考验大学生的知识基础和技能水平时，对气魄胆识、思维能力、心理因素等也具有综合性考察。此外，大学生自主创业能力还受到家庭、学校、社会，以及亲朋好友等因素的影响，总的来说可以分为四类影响因素，即学生个人背景、个人特质、创业综合素质、创业环境。

一、个人背景对其创业的影响

个人背景对个人价值观的形成具有重要影响，进而对大学生的创业价值观也有着直接影响。在社会的大环境中，个体不断接收到社会中各方面的信息，比如从人们一出生，首先接触到的就是家庭以及家庭周边的社会环境，如人文地理、民风习俗等。由于每个人的家庭背景、社会关系、经济情况等，都具有明显的差异性，所以在后天所接受的教育培养也各不相同，因此便形成了个体之间不同的价值观。在

初步形成了个人价值观之后，随着年龄的增长，置身的外界环境不断变化，以及自身社会阅历的不断丰富和受教育程度的不断加深，个体对外界的判断和评价也随之在不断发生改变。

当成为大学生这一群体后，大学生个体之间又存在着专业、学历的差别，这些差异性因素经过个体大脑的加工之后又形成了不同的观念，使每个大学生的价值观因此发生了显著的变化。个体之间价值观的差异主要包括两个方面：第一是对自身价值观的定位，如对物质财富的评价和追求、对个人需要的定位与满足、对社会关系的认知和建立、对个人权利与欲望的追求、对个人成就的渴望、对社会地位的向往、对社会认同的期待、对个体思想的验证追求等；第二是个人的社会价值定位，即个体对他人、国家、社会等方面的付出意愿。

对大学生创业价值观和创业实践活动起着不同程度的影响因素是多方面的，如家庭背景、学习环境、专业特长、从业结构等，这都会对学生在创新创业的意向和态度上产生直接影响。

（一）个人特质对其创业的影响

在过去的研究中，学者们会认定创业者这一群体是拥有特定的个人特质的，这一特质对创业者有着直接推动作用。美国国际开发署调研发现，成功创业的特质体现在 14 个方面——积极主动、执着、注重效率、关心质量、预测风险、有独创的解决问题的方法、发现和利用机会、有说服力、亲自寻找信息、系统的计划、履行合同、有决断力、有信心、使用有影响的策略。有部分学者在研究和验证创业目标和个性特征两者之间的关系时指出，不同创业动机水平的大学生个人在特质上存在着较为明显的差异。还有部分学者认为，大学生的创业行为会受到控制源、成就需要、风险取向、精力水平、需要、自主水平、个体自我控制和思想等特质的影响。

（二）创业综合素质对其创业的影响

大学生创业的综合素质主要体现在五个方面，即创业意识、创业精神、创业知识、创业能力、创业思维，是在具体的创业活动中所呈现出的一种能力表现。

1. 创业意识

创业意识是个体的一种内在驱动力，是创业者根据自身的社会发展需要所引发的创业动机或愿望。创业意识是市场经济的法律规范、主体市场的预测分析在思维意识中形成的一种价值追求，是创业者素质中一项重要的要素。创业意识可以提高创业者的创业认识，是创业行为的思维前提，是创业行动的精神动力。

2. 创业精神

创业精神是创业者的一系列主观意识，如创业者的思想、个性、品德等。其中最重要的要素是要充满积极性，对未来有激情和斗志，具有领导的魄力，在面对问题和困境时不慌乱，拥有良好的心理素质、合作精神、冒险精神、竞争精神等。

3. 创业知识

创业知识一般是指与创业相关的基础知识，如商业知识、市场运作、法律法规等方面的知识。此外还有创业相关的专业知识，如大学生在校期间的专业课程知识，如经济学、市场营销学、管理学、人力资源管理、会计、财务管理、商法、税法、公司法等。

4. 创业能力

创业能力对创业项目的成功具有决定性作用，主要表现在，创业者在解决问题和困境时，能够灵活地运用自身的知识和技能去处理。因此，创业能力是一种综合性的能力表现，在创业过程中具有非常重要的作用，还对创业项目的可持续发展有着决定性作用。

5. 创业思维

创业思维具体就是指，创业者在创业过程中面临困难和阻碍时，能够运用创造性的方式方法去解决和处理，并理性地筹划未来的发展。创业思维主要包括有系统思维、发散思维、创新思维、逆向思维等。此外，创业者的创业思维还会受到外在宏观经济的影响，如政府的支持政策与倾向、当地经济发展水平和生活水平，以及当地的生态环境、信息环境、创新文化等。

二、创业环境对大学生创业的影响

环境能够对个体的行为起到无形的影响作用，同样的，创业环境对大学生的创业行为也有着间接的影响作用。大学生的创业环境主要是指两个方面，一方面是软环境，即国家针对大学生创业活动所提供的一系列相关优惠政策法规和措施；另一方面是硬性环境，即大学生从风险投资机构中所能够获得的创业支持。这些外界环境因素都是构成大学生创业动力的政治基础。

（一）教育环境的影响

高校是大学生接受教育的主要环境场所，高校拥有许多无形的资产优势和品牌效应，为大学生的创业活动奠定了一定的基础。在市场运作中，不同的高校具有不同程度的信誉度和社会影响力，其产品就更能够被客户认可，产生品牌效应，而大学科技园对于推动企业高新科技的发展，以及高新技术人才的培养都有重要的作用。

要积极拓展大学生的创业行径，就要在高校中培养具有创新创业精神和能力的人才，将他们培养成具有创新创业能力的一流人才，这是当今高等教育所面临的巨大挑战和责任，同时也是高等院校教育发展的一个良好契机。高校创新创业教育主要是对创业技能和创业精神的教育。创业技能的教育主要是在专门的课堂教学中所教导的技术性知识，是为了提高大学生创业的成功和效率。我国开展创新创业教育的时间较短，其教育程度并不深刻，但是近年来，越来越多的大学生面临着就业难

的问题，创新创业教育便开始得到了更多的关注，对于大学生来说，创新创业也是一条有利的出路，高校还提供了专门的创业教育服务。

长期以来，我国一直实施应试教育模式，使得学生的个性没有得到自由地发展，其创新意识也是也相对匮乏，在就业方面也基本抱着安稳的态度，对创业活动不敢做出大胆的尝试，因此在高校中实施创新创业教育和技能教育的教育，能够帮助大学生有更多实现自我价值的途径，使大学生的未来充满更多可能。

对此，我国高校的教育应当快速地做出改革创新，培养创新型的高素质人才，为社会输送优质人才。从创新创业教育的本质来看，就是对大学生创新创业素质的提高，即让学生了解到，什么是创新创业，如何创新创业，怎样创新创业。创业教育的非功利性应当体现为"揭示创业的一般规律，传承创业的基本原理与方法，培养学生的企业家素质，而并非是以岗位职业培训为核心，或是以企业家速成为目标"。创新创业教育的开展要根据学生的专业特长来授课，同时不能忽略学生的品质培养，让他们在进入社会后能够有良好的适应能力，在社会中有效地实现自主创新创业和自我发展。所以，建立符合创新创业人才培养的教学和管理体系才是正确出路。

（二）社会环境的影响

社会环境影响着每一个人，对大学生创业的影响主要表现在两个方面，一方面是无论在硬性环境还是在软性环境上，都为大学生提供良好的条件；另一方面，在舆论方面为大学生营造了一个良好的氛围。软性环境主要是指与大学生创业相关的政策环境、法律环境、商业环境；硬性环境则是指风险投资机构对大学生创业项目的关注和支持。对于大学生创业行为来说，社会的看法和评断，不仅会影响大学生的择业标准，还影响到大学生创业的成功与否。

近年来，社会各个领域和新闻媒体都对大学生自主创业行为高度关注，并对此做出了不同的评论和宣传，其中就不乏出现了一些误区，对大学生自主创业这一行径过度吹捧，或是过度唱衰，这都是过于片面的评判，没有做到正确、正面地评价。

大学生创业所选定的行业，其发展空间应当与社会、政府对个体支持的影响有着直接关系，还要与大学生创业意愿和创业成功因素有着正比关系。

（三）家庭环境的影响

家庭环境对一个人的影响是非常大的，成长在不同家庭环境中的个体，所表现出的价值观、人生观、世界观、品质、个性、爱好等，都有着明显的差异。有专家研究发现，家庭成员，以及朋友交际圈中有过创业经历，或是正在创业的，对大学生的创业态度、职业规划都起着积极引导作用，能够直接或间接地推动着大学生的创业行为。此外大学生在表现出创业行径后，家庭成员所表示的态度也关系着大学生创业之路能否走向成功。

家庭成员在态度上支持和鼓励大学生自主创业，也是提高大学生能力素质和心理素质的又一有效途径，对大学生能力的拓展十分有益。此外，在创业过程中，大学生通过共同合作，可以增强集体凝聚力，加强团队合作精神。大学生接受能力强，易于发现各种新生事物，对创新创造充满了求知欲，这些都是推动大学生创业成功不可缺少的因素。与此同时，大学生创业还能够有效地推动创业教育的改革和发展，为社会输送更多创新型人才，成为未来社会发展的中坚力量。

第二节 “互联网+”背景下大学生创新创业的路径选择

一、大学生创新创业路径培育

我国经济发展目前处于转型升级的关键时期，大学生创新创业教育已然成为当今社会发展的需求，从宏观角度来看，大学生创新创业的发展极有可能成为未来经济可持续发展的驱动力。

（一）大学生创业的现实需求

1. 大学生创业是经济平稳转型的形式所需

在经济转型的关键阶段，我国对人才的需求是迫切的，创新型的人才更是难能可贵，因而就需要高校将创新创业教育作为高技能创新型人才培养的重要平台和基地。具体来说，不同地区的高校在培养创新型人才时，可以结合当地市场要求，顺势而变，培养出具有当地区域特色的创新创业高技能人才，让更多大学生具有创业意愿、喜欢创业、形成创新创业的良好氛围。在全球范围来看，创新创业教育已经成为各个国家推动社会经济发展不竭的内在动力，是增强国家经济实力、解决社会就业的一个良策。

2. 大学生创新创业教育已成为高等教育改革的必然趋势

早在 1998 年，在世界高等教育会议中就强调指出过：“高等学校，必须将创业技能和创业将神作为高等教育的基本目标，要使大学生不仅成为求职者，还要逐渐成为工作岗位的创造者。”在“第三届互联网 + 大学生创新创业大赛”中，习近平总书记勉励到，“希望大家用青春书写无愧于时代、无愧于历史的华彩篇章。”习近平总书记对大学生创业创新的关心，激励了高校大学生的创业热情。

社会对创新型人才是极度需求的，这也使得高校教育的改革进一步加速，创新创业教育则是一道有力的突破口。

3. 创业成为大学生自我发展的需要

当代大学生是社会主义现代化建设的接班者和建设者，是社会主义的宝贵人才资源，是社会主义知识密集型群体，他们实现自我价值的意识要更为强烈，他们更为迫切地想为国家建设做出自己的贡献，而创业就是最具有价值的舞台之一。通过创业，大学生可以将自身的知识和能力水平充分地展示出来，为社会创造更多价值，促进社会的和谐稳定发展，同时也实现了自己的人生价值。

（二）基于互联网环境下大学生创新创业路径培育

互联网在当今社会中已经遍布在人们生活和工作中的各个环节，对创新创业教育也起到了重要的作用，成为高等教育改革的重要突破口。基于“互联网 +”技术的高校创业教育体系的重大意义，体系间是一个周而复始、循序渐进的过程，具体如图 3–1 所示。

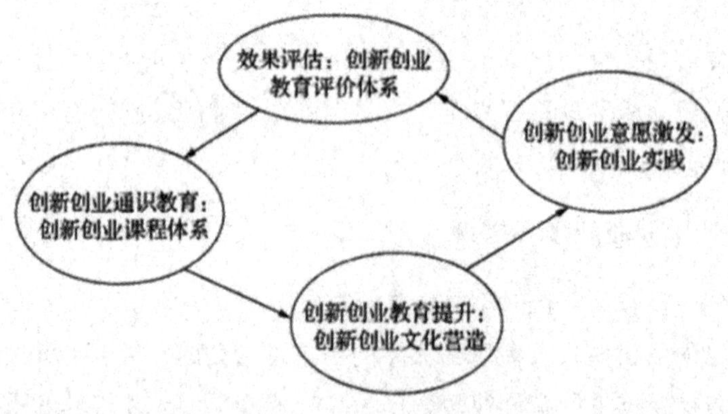

图 3–1 创新创业教育循环

1. 基于互联网技术构建创业课程体系

创新创业教育课程体系构建在互联网之上，首先需要设立一个合理的教育目标和一系列实施途径，同时结合大学生的个体差异性、学习特点，以及学生自身的实际需求，再在“互联网 +”的技术构建下，建立全面性、立体性的互联网课程体系。比如在网络中针对创新创业开发一个专门的网站，在网络中分享一些经典的创业故事和名人的成功事迹，拓展学生创新创业中的课外知识，再以学分的形式来计算学生上网课的时间；利用学生经常使用的手机 APP 来开发移动创业课堂，让学生可以利用平时的“零碎时间”来学习创业课程；还可以在微信中建立一个专门的创业微信群，让学生可以在遇到问题时可以及时在微信群中与其他学生交流，或是请教教师；积极在校园内举办创新创业座谈会或大讲堂，形成具有一定影响力的课堂。

2. 发挥互联网的优势构建创业文化体系

成立创新创业教育社团，在校园内加强宣传，壮大人力、财力、物力，将志同道合的学生集合在一起，推动创新创业教育的发展，并形成具有一定影响力的教育品牌，为学生营造一个良好的学习氛围；利用校内的公告栏、文化长廊、广播、报刊亭等阵地规划创新创业教育板块，对校友创业成功的事例大力宣传，在大学生中树立榜样，激励大学生的创业行为。大学生在这样的环境氛围下，其创业意识得到提升，激励大学生的创业行为，内向化地推动大学生走向创业之路，实现自我价值。

3. 发挥互联网优势，为学生提供资讯服务

当今社会是互联网社会，谁掌握和利用好了互联网技术，就能够先人一步在行业发展中占据主导地位。根据相关调查数据显示，当代青年大学生是互联网用户的主力军，对此，高校可以开发专门的 APP 手机客户端，便于学生随时随地通过手机客户端接收到创业方面的知识；建立网上创业答疑系统，让学生可以在网络中提出自己的疑问，同时也可以回答其他人的问题，让学生之间有一个交流互动的平台，实现信息共享；加大对平台的投入建设和维护，开辟与企业家之间的对话，让学生有机会自主选择创业实习平台。

4. 基于互联网技术构建创业实践体系

创业是一种实践型行为，在互联网基础上去构建系统性的创业实践计划，就需要将线上线下结合，分别建立有效的实践平台。学校可以开辟专门的创业园区域，模拟创业环境，让学生有实践操作的机会和平台；在网络上建立与成功创业人士的沟通渠道，进行实时交流，学习优秀经验，听取有效建议。

由校方领导作为实践基地的负责人，通过建立长效机制来保障实践基地的有效运作，同时还要创建相关的考核制度，对校方管理者和学生在创新创业教育中的表现做出考察。要将创业实践基地纳入日常教学管理工作中，并做出相关的预算投入，保障实践基地在创新创业教育中能够发挥作用。

5. 以“互联网 +”技术为支撑构建创新创业教育评价体系

在大量的实践研究中可以看到，学生创业的综合素质、能力的提高、创业的学生数量，这都不是判断高校创新创业教育的直接指标。为了更加准确、全面地反映出创新创业教育实施情况和最终成效，可以以“互联网 +”技术为支撑建立全新、全面性的教育评价体系，且以创业率、创业成功率、创新创业教育影响力等因素为主要评价依据；建立合理有效的模型，通过大数据分析法来促进创新创业教育的可持续发展。

6. 建立相应的创新创业指导服务机构

具体如图 3-2 所示。

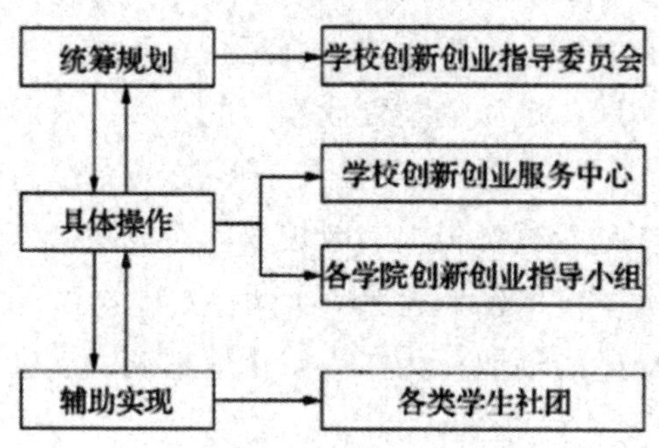

图 3-2 大学生创新创业指导服务组织

二、大学生创新创业路径模式

（一）大学生创业路径演绎规律模型

从整体上来说，大学生的创业路径是一个不断演化并变动的过程，大学生在实践过程中不断地从变动的外部环境中学习和模仿，所以在审视和评判大学生的创业规律时，必须是以动态和演化的视角来看。

大学生创业模式的动态演化过程主要是对内在资源的禀赋、内部创造力与外部机会、外部资源的一个优化和重组，不同类型的初创模式所表现出的特征和资源能力都具有一定差异化，所以每个大学生创业者的演化路径也各不相同。根据这一特点，大学生创业模式的内生演化可以分为 5 种不同的路径，具体如图 3-3 所示。

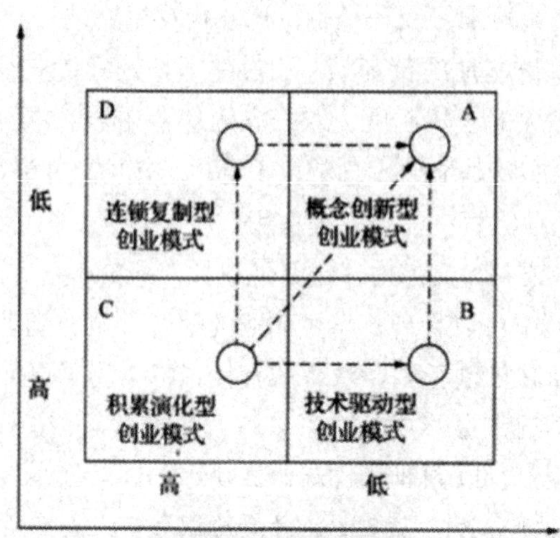

图 3-3 创业路径演化模型

① D → A 路径：从连锁复制型创业模式向概念创新型创业模式演化。

② B → A 路径：从技术驱动型创业模式向概念创新型创业模式演化。

③ C → A 路径：从积累演化型创业模式向概念创新型创业模式演化。

④ C → D → A 路径：从积累演化型创业模式经由连锁复制型创业模式向概念创新型创业模式演化。

⑤ C → B → A 路径：从积累演化型创业模式经由技术驱动型创业模式向概念创新型创业模式演化。

（二）学生组织拓展大学生创业路径

高校学生组织在对大学生进行引导、教育、管理时，要根据大学生自身的优势来服务大学生创新创业活动，为创新型人才创造一个健康和谐的外部环境，利用新思维、新技术、新理念来培养新型创业人才。

1. 各类学生组织促进大学生创业的重要性和可行性

大学生积极参与创新创业活动，可以让大学生将自身的能力水平充分地展现出来，这既是满足自身的发展需求，也是完成国家对大学生所寄与的厚望，以及社会对人才的需求；大学生创新创业的发展能够给学生自身提供另一种就业途径，从而缓释就业难的状况，同时，大学生走向创业之路后，还能够为社会中其他大学生提供一定的就业岗位，提高大学生就业率；大学生创新创业活动能够全方位地提升学生的能力水平，尤其是创新能力；此外，大学生创新创业活动还能够提升大学生的凝聚力，从整体山增强大学生的核心竞争力。

高校学生组织在提升自身组织能力、拓展职能的同时，还要保障对大学生创业就业的服务，为他们提供一个有效的途径和平台。有先进的育人理念、科学的教学模式、创新的行为方式、丰富的人脉资源做好大学生创业就业服务工作。除此之外，学生组织还要不断钻研和更新教学思想、科技产业等，更新创业意识，不断提升创业能力，推动高校创新创业活动的高校发展。

2. 大学生自主创业的现状及其存在的问题

大学生自主创业的现状是，一方面，学校开设了创新创业课程，以及相关的课程内容；另一方面，学校还为大学生的实践活动提供了现场模拟，以及基地实训等途径；此外，部分大学还针对创业大学生提供了实践指导服务和再教育服务。大学生通过对自主创业活动的参与，既能够提高自身的实践能力，为未来谋求更好的发展，还能够在社会中产生良好的效益，为更多创业青少年做出优秀的榜样，促使大学生创业数量与日俱增。

从现阶段来看，我国大学生在自主创业过程中也暴露出了一些明显的问题，首先，我国针对大学生创业就业的体制还有待完善，尤其是对于刚刚踏出创业这一步的大学生群体来说，现行的政策体制没有让他们受益或者有帮扶；大学生创业者本身创业能力水平有限、创业经验不足、创业资金有限、创业理念过于陈旧等；高校创新创业服务组织在针对大学生创业方面，没有给出有用的指导意见，或是给出的指导无法付诸于实践，基本还停留在理论阶段，经不起实践的检验等。

3. 各类学生组织进一步促进大学生创业的路径

对于大学生在创业过程中所面临的一系列问题，高校学生组织应当充分发挥作用，为大学生提供良好的服务。高校基层学生组织根据自身特点，结合高校教育规律、学校人才培养工作、学生成长成才内在需求，为大学生的创业提供良好的环境和条件，让大学生有创业意识、敢于创业、有能力创业、能成功创业。具体来说，基层学生组织可以从以下几方面去促进大学生创业。

（1）充分发挥思想政治优势，激发大学生的创业活力

高校基层学生组织在思想政治方面都是具有较高觉悟的，作为高校中青年学生的组织者，便可以利用这一优势，对青年大学生进行思想政治工作的熏陶，再将自身的经验传授出来，让基层学生组织将思想政治教育工作作为开展其他活动的首要职责，为大学生的创业活动奠定思想基础。

（2）充分利用各类学生组织覆盖广的优势，积极引导学生创业

学生组织自身的组织体系是相对完善的，不仅结构框架清晰，其涵盖面也较为宽广，一方面包括了校内所有的学生会组织，以及各个院校的各个班级；另一方面还囊括了每一个独立学生支部、学生会之间的关系联络网，方便学生组织开展各项工作，上层能够快速便捷地获取到下层信息，及时掌握学生的各种需求和真实情况，下层也能够及时向上层做出信息反馈，鉴于这一优势，学生组织便能够积极引导学生的创业活动，为他们提供更好的服务。

（3）利用学生组织的文化阵地优势，提升学生的创业素养

当代大学生与以往的青年学生是有明显区别的，当代大学生更具有朝气，更注重自我价值的追求和实现，对各种新生事物更具有探索欲和求知欲，这对创业工作来说是一大优势，但这一优势是需要学生组织通过辅助来转化的，将新时期青年人的个性特征与学生组织的文化特征相结合。在结合和转化过程中，既要保留当代大学生的创业热情，还要提升他们的创业素质，学生组织通过文化阵地的优势，妥善地处理好这一关系，为青年学生创业提供更好的服务。

（4）充分利用学生组织作为载体平台的优势，增强学生创业能力

以学生组织作为载体平台的优势就在于，学生组织能够聚集校内的多种资源，并且能够为大学生创业提供有用的信息，通过这一平台，学生组织可以开展各种创新创业实践活动，吸引学生参与到活动中来，使大学生获得初步的创业能力，并得到了一定的锻炼，降低创业风险。对于部分大学生所表现出的眼高手低、不能吃苦耐劳、缺乏社会经验、不具有团队意识、缺乏社会责任感、缺少创新思维等现象，学生组织要对此做好素质拓展计划和拓展训练，通过各种实践活动的组织和参与，提高大学生的实践操作能力、社会责任感、社会经验和创新能力。

（5）充分利用学生组织的社会资源，为学生搭建创业平台

高校学生组织除了在校内具有相关的优质资源，在校外也拥有丰富的资源，比

如最主要的资金资源和人力资源。这主要是学生组织在开展各种广泛的实践活动时所积累的丰富的社会资源。在推动大学生的创业活动时，学生组织就要充分利用这一资源作为大学生创业工作的桥梁，帮助大学生在社会中谋求发展。一方面，对于大学生来说，可以使他们得到更好的锻炼，使自身的组织能力、管理能力、解决问题的能力等都得到提升，积累了创业经验，便于他们在未来的创业过程中更好地应对各种困境；另一方面，对于社会企业来说，则引进了更多先进的人才，促进合作。在这一过程中，学生组织起到了良好的桥梁作用，通过对校友资源的分析来帮助大学生创业借鉴，此外，学生组织还通过社会捐助或贷款、基金等形式，帮助大学生解决创业资金问题，促进大学生创业项目的发展。

（三）政府支持下的大学生创业路径

在众多专家学者的研究下可以发现，一个国家如果对创新创业活动有足够的重视和支持，国家的经济发展也能得到一定的提高，且大学生就业难的问题也能够得到一定的缓解。英国政府曾经明确提出，高校创新创业教育需要与社会企业保持紧密的合作关系，并将为社会服务作为创新创业教育的重要职能。具体的合作方式可以通过专利转让、创办实训基地、合作研究项目等，共同为社会的经济增长和科技发展做出努力。我国对于大学生创业也在积极创造条件，推行了多项扶持政策和措施。但是需要理智地认识到的是，我国现阶段的经济仍在逐渐转型，属于发展中国家，市场环境还未发展成熟，大学生在创业过程中会面临着众多困难，因此，要完善大学生创业体系，务必需要在政府的支持下构建良好的创业路径。

1. 倡导创业精神，营造全社会尊重和包容创业的舆论氛围

相比于西方发达国家，我国对创新创业教育长期缺失，起步较晚，即便是接受了创新创业教育，但也仅仅停留在理论知识层面，大部分大学生仍然缺乏创业素质，不敢创业、不愿创业、不会创业、不能创业，束缚了大学生的创业行为。因此，政府就需要为大学生创业积极创造条件，在大学生创业时不仅要引导他们将创业岗位立足于现实，同时还要为大学生创业构建一个良好的舆论环境，宣传大学生创业的成功案例，用榜样效应来激励大学生的创业行为。

2. 加强制度创新，增强对创新创业教育的宏观指导和行政推动

国家针对创新创业教育所作出的指导和行政推动，主要是从思想、政策、管理这几方面入手。在具体的构建和实施过程中，国家和教育部门都是行政推动的指导者和监督者。从入学开始就树立学生的创业意识，在高等教育阶段中再培养学生的创业素质和创业能力。将创新创业教育作为国民教育体系中的重要课程，并纳入到青少年思想教育、素质教育、职业规划的发展教育中去。

3. 加大扶持力度，优化大学生创业的政策环境和法制环境

大学生毕业后初出茅庐，在社会中会面临各种问题，这些问题一方面需要自身

应对解决，另一方面也离不开政府的扶持。因此，政府各部门在针对大学生创业制定各项政策时，要从实际出发，做出有针对性的帮扶措施。大学生是社会主义现代化未来的建设人和接班人，他们肩负社会创业理想和国家繁荣兴盛的重任，因此政府在制定或调整相关政策时，需要考虑到学生的受益。此外，针对大学生的创业行为经历一系列的支持、服务、引导等工作机制，为大学生创业提供通畅的环境和渠道，营造法制环境。

4. 搭建创业平台，完善大学生创业的社会配套体系

我国目前的创新创业教育研究仅存在于高校内部的教育系统中，社会各行业领域对创新创业教育的认知还未普及，所以为了为大学生创业营造更好的创业环境，搭建更好的创业平台，必须完善大学生创业的社会配套体系，而政府就需要从中发挥主导和协调作用。

第一，形成政府、高校、企业、社会成员、家庭“五位一体”的新局面，各自按照自身职责相互作用、相互协调；

第二，鼓励和支持第三方组织的建立，为大学生创新创业教育分担责任，并作为有力的后盾支撑；

第三，对大学生创业的中介机构给予鼓励和扶持，为大学生在创办企业、产品开发、科研成果中寻找相匹配的合作企业，为其搭建良好的平台。

第四章 “互联网 +”时代大学生创新创业教育的外部环境建设

环境既可以指周围的地方和事物，也可以指周围的情况和条件。任何事物的发展都与周边的环境有着密切的联系，有益的环境有助于推动事物的发展，而有害的环境则会阻碍事物的发展。当前，我们正处于“互联网 +”时代，要想推动创新创业教育，就必须要密切关注现在所处的时代环境，充分发挥时代环境对于创新创业教育的积极作用。在新的时代背景下，人们的创业内容与创业形式已经发生新的变化，他们更多地依赖于互联网信息技术和网络平台，例如互联网产业领域的创业活动、传统产业互联网化的创业活动。在此过程中，创业者们将注意力集中于小众市场，用多品种的产品来引起民众的关注，并取得了一定的经济效益。在“互联网 +”时代，创业者们除了在线下实体平台进行创业，还会在线上网络平台进行创业，并且更容易获取资金支持和技术支持，这使得创业者能够全身心地投入到创业过程中，一定程度上提高了创业的成功率。与此同时，消费者可以通过网络平台间接参与到产品的研发和设计的过程之中，使创业者更能够针对用户需求来进行产品的开发工作，这既有助于满足消费者的需求，也有助于创造更多的经济效益。由此可见，在“互联网 +”时代背景下，大学生创新创业教育环境也会发生一定的变化。

大学生创新创业教育环境主要分为两种类型，分别是外部环境和内部环境。其中，外部环境指的是大学生创新创业活动的社会条件，例如政治环境、经济环境等，而内部环境指的是大学生创新创业教育的环境。这两种环境的建设工作对于大学生创新创业都有着重要的作用。与此同时，政府、社会、高校在大学生创新创业教育环境的建设过程中分别具有不同的作用。从政府的角度来看，当前大学生正面临着严峻的就业问题，而开展创新创业活动能够创造新的工作岗位，解决一些人的就业问题，因此政府会通过政治环境建设来营造良好的政治环境，推动大学生创新创业教育发展；从社会的角度来看，开展创新创业活动有助于形成新的创业项目，从而推动社会经济发展，因此各企业会通过经济支持来营造良好的经济环境，推动大学生创新创业教育发展；从高校的角度来看，开展创新创业教育能够培育具有创新意识和创造能力的高素质人才，因此高校会通过加强创新创业教育研究工作来推动大学生创新创业教育发展。

第一节 创新创业教育的政策环境

从政策环境方面来看，大学生创新创业教育主要会受到法律政策和教育组织机构的影响。西方发达国家的大学生创新创业教育起步较早，它们在大学生创新创业教育的政策环境建设过程中所做的工作对于我国具有重要的借鉴意义。以美国为例，美国政府为了更好地引导大学生开展创新创业活动，专门设立了中小企业发展中心和中小企业管理局，以便于更好地为大学生创业者提供创业咨询服务和技术支持；在日本，日本政府针对大学生创新创业教育制定了《大学技术转移促进法》，这推动了高校开展大学生创新创业教育活动。

我国大学生创新创业教育的开设时间虽然尚短，但是国家和政府对此的重视程度是不断提高的。例如，在《国家中长期人才发展规划（2010—2020 年）》和《国家中长期教育改革和发展规划纲要（2010—2020 年）》中，我国明确指出要通过加强创新创业教育来提高人才培养工作的质量；在《国民经济和社会发展第十三个五年规划纲要（2016—2020 年）》中，我国提出要不断推进创新创业教育，建设创新创业公共服务平台，为创业者提供创业相关的服务，以便于引导创业者更好地开展创新创业活动；在《关于深化高等学校创新创业教育改革的实施意见》中，高校创新创业教育得到了国家的进一步重视，并要求高校结合当代学生特点和时代背景来做出改革工作。从中可以看出，我国为高校开展创新创业教育营造了良好的政治环境，这对于推动大学生创新创业教育具有重要的积极意义。当我们要对创新创业教育所处的政策环境进行分析时，应当以下几个方面着手。

一、政策的战略性

创新创业教育政策环境的战略性指的是创新创业教育对于地区战略发展的作用，这要求人们从地区宏观政策、战略发展纲要的层面来考虑创新创业教育的意义，如果创新创业教育能够与地区发展战略相吻合，就能够对地区发展产生积极的推动作用，反之则会阻碍地区发展。

以上海市为例，从上海的发展情况来看，开展创新创业教育对于激发上海经济活力具有重要意义。因此，为了更好推动城市发展，上海将创新创业教育与地区发展战略联系在一起，通过创新创业教育来培养一批具有创新意识和创造能力的创新

型人才，以此来为城市增添新的活力。与此同时，上海为大学生创业者提供政策支持和引导，一方面通过开展创新创业培训活动的方式来引导大学生创业者进行创业，另一方面通过建立健全创业融资、税收等政策为大学生创业者提供便利，减轻大学生创业者的负担。其中，比较具有代表性的是创业人才支持计划，即通过组建创业导师团队、宣传创业人才等方式来营造良好的创新创业氛围，从而引导大学生创业者积极投身于创业队伍之中。这样一来，上海就具备了良好的创新创业环境，能够更好地吸引全国各地创业者的注意力，从而更好地促进上海经济发展。与此同时，上海高校对于创新创业教育的重视程度也相对较高，不仅注重引导大学生发挥自身的主观能力性来进行创新，鼓励和帮助大学生的创业活动，还提供各种实践平台来提升大学生的创新创业意识和创新创业能力。从中可以看出，上海已经将创新创业教育提高到了战略高度，致力于通过开展创新创业教育来培养创新型人才，从而推动城市发展。

在浙江省，创新创业教育与地区发展战略同样有着密切的联系。从浙江省的发展战略来看，创新创业教育能够更好地调整浙江省的产业结构，促进浙江省经济发展。在当地政府的引导下，民众普遍拥有较强的创新创业意识和创新创业能力，不仅敢于创新创业，也能够在面对创业困难和创业失败时保持一个平稳的心态，冷静对待，并总结出失败的原因。近些年来，浙江省出台了大量创新创业政策，要求省内高校加强对创新创业教育的研究工作，不断提高高校大学生的创新意识和创造能力，从而培育一大批创新型人才。与此同时，还鼓励大学生创业者加入到创业队伍之中，引导大学生通过发挥自身的创新意识来开展创新创业活动，从而更好地促进地区经济发展和产业转型升级。

二、政策的系统性

创新创业教育政策环境的系统性指的是政府所出台的一系列创新创业教育政策的协同情况。如果不同政策之间有着密切的联系，能够彼此协调互补，那么有助于共同推动高校创新创业教育的发展；如果各个政策无法串联起来，那么将会造成政策不协调的问题，从而阻碍高校开展创新创业教育。

以上海为例，上海对于创新创业教育的重视程度较高，其针对创新创业教育所制定的政策如教育改革、发展规划纲要、人才发展纲要等都有着较强的协调性，能够共同推动创新教育发展。在《上海市人民政府关于进一步做好新形势下本市就业创业工作的意见》中，上海市政府对开展创新创业活动的重要意义进行详细的阐述，例如，通过引导创业者开展创新创业活动的方式来创造更多的工作岗位，解决一部分人的就业问题；通过顺应当前时代发展趋势来营造创业空间和公共创业服务平台，为创业者提供一定的创业支持等；在《关于深化人才工作体制机制改革促进人才创

新创业的实施意见》中，上海市政府进一步对创造创新创业环境、构建创新型人才培养模式、发展众创空间等做出了明确的指示。与此同时，还要求上海高校进一步开展创新创业教育的研究工作，推动创新创业教育不断进步，积极引导高校大学生开展创新创业实践活动，并通过青年大学生创业引领计划、大学生科技创业基金等政策措施来为大学生提供帮助，缓解大学生的创业压力，使大学生充分激发自身的创新意识和创造潜力，从而更好地开展创新创业活动。

在2016年，浙江省出台了一系列有关创新创业教育的文件，例如《浙江省人民政府办公厅关于推进高等学校创新创业教育的实施意见》《浙江省教育厅关于积极推进高校建设创业学院的意见》《浙江省教育厅办公室关于实施高校创业导师培育工程的通知》等。在《浙江省人民政府办公厅关于推进高等学校创新创业教育的实施意见》中，浙江省人民政府提出高校在开展创新创业教育的过程中应当重点培育大学生的创新意识、创业意识和创新创造能力，通过提高学生的创新创业意识、创新创业能力、创新创业素质来推动创新创业活动的开展，形成具有当地特点的创新创业教育模式。与此同时，为了更好地推进创新创业教育，浙江省人民政府还将创新创业教育质量作为政府人员的考核标准，并向社会民众反馈高校创新创业教育的真实情况，再收集民众对此的建议和意见，以便于更好地推动高校开展创新创业教育；在《浙江省教育厅关于积极推进高校建设创业学院的意见》中，浙江省教育厅提出通过建设创业学院的方式来推进高校开展创新创业教育，以便于更好地解决当前创新创业教育中存在的问题。高校的创业学院必须要汇集各种创新创业教育资源，能够为高校大学生提供科学的创新创业指导，能够为大学生营造良好的创新创业环境。在具体实施过程中，先在一些高校建立示范性创业学院，然后根据实际情况将其中一些高校作为范例来引导其他高校建设创业学院，从而更好地推动高校大学生开展创新创业实践；在《浙江省教育厅办公室关于实施高校创业导师培育工程的通知》中，浙江省教育厅强调了高校创业导师对于大学生创新创业教育的重要意义，要求省内高校通过培训创业导师、选聘创业导师的方式来建设高专业水平的创业导师团队，以便于推动高校开展创新创业教育。

三、政策的联动性

创新创业政策环境的联动性指的是各方力量共同推动高校开展创新创业教育。对于地方政府而言，制定与高校创新创业教育相关的政策固然重要，但是贯彻落实创新创业教育相关的政策更为重要。因此，地方政府首先应当根据地方的实际情况来制定相关的创新创业教育政策，然后还要将创新创业教育政策落到实处，根据具体实施情况来调整相应的内容。这样一来，地方政府就能够明确高校在开展创新创业教育的过程中存在的问题，从而为高校提供科学的指导，以便于更好地推动高校开展创新创业教育。

例如，杭州市政府积极响应浙江省政府的创新强省、创业富民的号召，提出建立创业型城市的目标，通过开展创新创业活动来推动城市发展。为了提高创新创业活动的实效性，杭州市政府在工作会议多次强调创新创业活动对于城市发展的重要意义，并通过加强与当地高校之间的联系来推动创新创业教育，用实际行动展现出政府部门对于创业工作的重视。在具体实施过程中，杭州市专门组建工作小组来负责高校毕业生的就业创业工作，对大学生创业工作中存在的问题进行深入研究，以便于及时为大学生创业者提供帮助，引导大学生创业者更好地开展创新创业活动。与此同时，杭州市政府也出台大量与创新创业相关的文件，为高校开展创新创业教育提供科学的指导。例如《关于深化大学生创业导师制工作的意见》《关于杭州市大学生创业园建设和管理的若干意见》《关于鼓励和扶持大学生在杭自主创业的若干意见》等。另外，为了更好地指导高校开展创新创业教育，杭州市政府不仅组建了专业的创业导师队伍，也建立了大学生创业园，这一方面能够为高校毕业生提供专业的创业指导，另一方面还可以为大学生提供一个参加实训的平台和途径，从而为高校毕业生开展创新创业活动做好相关的准备工作，提高高校毕业生的创业成功率。相比于其他城市，杭州市政府更注重提高大学生的实践能力，引导高校毕业生通过创新创业实践活动来发现自身存在的问题，从而有针对性地对高校毕业生进行培训，这也有助于为高校开展创新创业教育积累一定的经验。

从当前的情况来看，虽然政府制定了一些与创新创业教育相关的政策，但是下属部门对于政策的落实和整合情况并不理想，无法真正地发扬文件精神。例如，政府各职能部门主要将注意力集中于本部门的政策措施，对于其他部门的政策措施不闻不问，导致各职能部门之间的联系并不密切，无法为创业者提供完善的服务。因此，政府必须要提高各职能部门的服务能力，加强各职能部门之间的联系，使各职能部门能够通力合作，共同推进创新创业教育的发展。尤其是要加强县区一级政府各职能部门之间的联系，使创新创业教育能够更好地落在实处，以便于满足当地企业对于创新型人才的需求。

综合以上内容可以看出，我国现阶段的创新创业教育政策外部环境较好，无论是地方政府还是高校，都加大对于创新创业教育的重视，积极地开展创新创业教育研究工作，努力推进创新创业实践。但是，在具体实施过程中仍存在一定的问题，例如没有重视大学生创业服务机构的建设。为了更好地鼓励和引导大学生开展创新创业活动，地方政府首先应适当降低创业准入门槛，减轻大学生创业者负担，其次还应为大学生设立专业的大学生创业服务机构，为大学生创业者提供专业的指导，及时解决大学生创业者存在的问题。与此同时，我国还应引导地方政府根据自身实际情况来维护大学生创业者的基本权益，使大学生创业者能够全身心地投入到创新创业实践过程之中，进一步激发大学生创业者的创业激情，从而更好地促进社会经济发展。

第二节 创新创业教育的经济环境

对于大学生创业者而言，创业启动资金往往是影响自身创业积极性和创业成功率的关键因素，因此必须要对创业启动资金加以重视。从当前的调查资料来看，大学生创业者主要通过三个途径来获取创业启动资金，分别是自有资金、风投资金和金融机构信贷。但是，对于绝大多数大学生而言，在校期间主要将大部分时间用于学习，因此大学生所积累的自有资金相对较少，无法达到创业启动资金的规模。所以，大学生创业者较依赖于风投资金和政府财政支持，如果当地政府无法提供相应的财政支持或风险投资公司不愿意提供资金，那么大学生创业者就难以开展创新创业活动。从当前的情况来看，要吸引当地政府和风险投资公司的注意力，大学生创业者必须要以高科技、信息经济、互联网金融等发展潜力较强的行业为创业方向，使政府和风险投资公司能够对大学生创业者充满期待。在此过程中，高校必须要进一步加强创新创业教育，改变政府和企业家对于大学生创业的传统看法，使大学生的创业意识和创业能力都有新的提升，从而引导大学生更好地开展创新创业活动。

从现阶段来看，我国创新创业教育所面临的外部问题主要集中在两个方面：其一，社会保障制度不够健全。近些年来，在社会经济飞速发展的情况下，国家对群众的社会保障投入越来越多，社会保障支出在财政支出中的占比也越来越大，但是仍与西方发达国家有着较大的差距。与此同时，我国各个地区的经济发展情况有所不同，导致有的地区社会保障覆盖率高，有的地区社会保障覆盖率低，导致有的大学生创业者难以保障自身的基本权益，无法获取相应的财政支持。其二，大学生创业资金不足。而创业资金直接决定了创业活动能否顺利开展，且大学生创业者普遍缺乏创业资金，一方面自身的储蓄难以达到创业资金的规模，另一方面风险投资公司对于大学生创业者的认可度不高，难以为大学生提供创业资金。

由此可以看出，要改善创新创业教育的这一外部环境问题，就少不了国家对大学生创新创业教育的资金支持。在具体实施过程中，我们应从政府资金支持和社会资金支持两个方面着手：其一，政府加大对大学生创业者的财政投入。各地的情况有所不同，当地政府可以根据自身的实际情况来提高大学生创业资金在财政支出中的占比，为大学生创业者设立大学生创业基金，引导大学生通过合理的途径来获取政府财政支持。与此同时，当地政府还应简化审批程序，减免大学生创业者的一些税费，尽可能地为大学生创业者提供便利，这样不仅减轻了大学生创业者的负担，还有助于激发大学生创业者的创业激情，从而更好地开展创新创

业活动。其二，通过社会渠道来解决资金问题。大学生创业者普遍有着较强的创新意识和创造能力，他们能够运用自身的创新创业能力来改变社会，因此各社会组织、企业应当明确大学生创业者对于社会经济发展的重要意义，加大对大学生创业者的资金支持，使大学生创业者能够运用自身的能力来促进社会发展，用实际行动来回馈社会组织、企业。

第三节 创新创业教育的文化环境

一、地域差异导致对创业教育的认知差异

在我国不同的地区，人们对于创新创业活动的认识有所不同，其中东部地区的人对于创新创业活动的重视程度较高，也热衷于开展创新创业活动，因此东部地区的创新创业活动较为活跃；而西部地区的人对于创新创业活动的重视程度相对较低，因此西部地区的创新创业活动并不活跃。与此同时，不同地区的人对于创新创业活动的认识也影响了不同地区创新创业教育的发展。

受地域因素影响，有的地区鼓励人们开展创新创业活动，而有的地区对于创新创业活动却不重视。以江浙沪地区为例，当地人普遍有着较强的创新创业意识，政府也能够为创业者提供一定的帮助和保障，因此江浙沪地区涌现了一大批创新意识强和创造能力强的创业者，使得江浙沪地区的经济发展水平远高于国内其他地区。其中，阿里巴巴集团的成功为众多互联网创业者树立了良好的榜样，吸引了大批互联网创业者前来学习和开展创新创业活动，这一方面为江浙沪地区营造了良好的创新创业文化氛围，另一方面为江浙沪地区培养了大量互联网创业者，从而进一步推动了江浙沪地区的经济发展。

我国不同地区的互联网基础设施建设情况有所不同，有些地区互联网基础设施较为完善，当地的人已经形成了互联网消费习惯，而有些地区互联网基础设施尚不健全，互联网普及率低，因此当地的人并没有形成相应的互联网消费习惯，因此有的地区适合开展互联网创业活动，而有的地区则不适合开展创新创业活动。在 2014 年，世界互联网大会在我国东部地区召开，这一定程度上推动了东部地区完善互联网基础设施，促使当地人形成互联网消费习惯。这样一来，互联网创业者就能够根据人们的互联网消费习惯来开展互联网创新创业活动，这使得创新创业活动的内容更加丰富。

在"互联网 +"时代，大学生创业者要开展互联网创新创业活动，首先必须考虑所处地区的物流发展情况，如果当地的物流发展得较好，那么商品配送速度就相

对较快，这样更能够吸引消费者的注意力，从而创造更多的经济效益。例如，我国东部地区的物流发展较好，商品配送速度较快，因此大学生创业者热衷于在东部地区开展互联网创新创业活动；而我国西部地区的物流发展相对较慢，甚至一些地方不支持配送，因此当地的大学生难以开展互联网创新创业活动。

综上所述，地域之间的差异对于大学生创业者开展创新创业活动有着明显的影响，进而导致各地区人们对于创新创业教育的认识有所不同。

二、社会舆论对大学生创业的认同度

在高等院校开展创新创业教育的过程中，社会舆论、传统思想、社会氛围等都会对大学生产生一定的影响。从传统思想的层面来看，大多数学生家长对于“教师”“公务员”等职业的关注度较高，要求学生从事这类稳定的职业，这极大地影响了大学生的创业激情；从社会舆论的层面来看，创新创业活动是一种有风险的社会活动，而社会舆论会不断放大创新创业活动的风险性，从而使大学生创业者知难而退。另外，大学生创业者面临着创新资金不足的现实问题，这将会阻碍大学生进一步开展创新创业活动。

因此，要促进大学生创新创业教育更好地发展，就必须要从社会文化氛围、社会舆论方面着手，为大学生创业者营造积极向上的社会文化氛围，为开展创新创业活动提供良好的社会舆论环境，使大学生认识到虽然创新创业活动有一定的风险，但是创新创业的过程是一个充分展现自身创新意识和创造能力的过程，必须要把握机遇，积极投身于创新创业活动之中，充分运用自身创新创业意识和创新创业能力来取得最终的成功。在此过程中，政府应当引导社会媒体进行创新创业宣传工作，引导社会民众正确认识创新创业活动，通过宣传一些优秀企业家来为创业者们树立良好的榜样，从而激发大学生创业者的积极性；社会企业应当为高校创新创业实践活动提供一定的资料，引导大学生创业者深入认识创新创业过程中应注意的问题，从而少走弯路，提高创业的成功率。高校除了加强与政府、社会企业之间的联系之外，还要加强与学生家长之间的联系，使学生家长认识创新创业对于学生未来发展和社会未来发展的重要意义，正确引导学生开展创新创业活动，并为学生提供一定的帮助，促进学生更好地开展创新创业活动。因此，政府、企业、高校、家庭应当通力合作，做好以下三点工作：其一，为高校大学生提供良好的创业环境和创业条件，从而减轻大学生的创业负担；其二，为高校大学生提供正确的思想指导，从而引导大学生科学、合理地开展创新创业活动；其三，为高校大学生提供精神上的鼓励与支持，从而使大学生积极面对创新创业过程中的困难，并努力克服困难。

第五章　“互联网＋”时代大学生创新创业教育的师资体系与课程体系构建

第一节　“互联网＋”时代大学生创新创业教育的师资体系构建

一、高校创新创业教育师资体系建设现状分析

2012年8月，教育部办公厅发布《普通本科学校创业教育教学基本要求(试行)》，要求各高校将创新创业教育“融入人才培养体系，贯穿人才培养全过程”。自此，全国各大高校纷纷开始开展创新创业教育，甚至有部分高校将创建“创业型校园”作为发展目标，创新创业教育在短时间内被大范围推广。创新创业教育在全国范围内广泛开展的同时，也凸显出其师资队伍建设的不足之处。整体来看，我国高校创新创业教育师资建设现状可概括为以下四个方面。

（一）队伍初步形成，结构比例失调

在高校创新创业教育全面普及之前，高校的创新创业的教育活动是自发组织的，缺乏规范化和制度化。在我国开始大力开展高校创新创业教育后，高校教学活动变得有组织，更加正规化、制度化，还初步形成专门的教师队伍。下文将以XX交通大学、XX大学、XX师范大学三校为例来阐述我国现阶段的创新创业教育师资体系建设。

XX交通大学秉持“面上覆盖、点上突破”的思想，于2010年6月设立了专门

用于开展创新创业教育的机构，即虚拟创业学院，将创业学院作为培养创业人才的基地。在师资队伍建设方面，创业学院构建了三级管理体系，其构成包括17人组成的战略专家咨询委员会、14人组成的教学指导委员会和完善的行政机构。

XX大学将培养全面发展、具有创业能力的高级应用型人才作为人才培养的目标，主动探索新的教学模式，把将创新创业教育融入专业教育中，积极推动全校教师参与创新创业教育教学。该高校于2009年6月成立的创业人才培养学院，专门负责全校创业教育的大小事务，学院有专职工作人员8人，师资队伍包括校内外专家、教授、教师等70余人，其中企业家创业指导师32人，KAB项目师资41人。

XX师范大学于2009年成立创业学院，面向全校学生开展创新创业教育。创业学院师资队伍有百余人，其中40人具备KAB、SYIB资格证书，50余名企业家。

现阶段我国大部分的高校已经初步构建师资框架，但是队伍建设处于初步阶段，非常不完善，缺乏科学明确的建设目标和方向，缺少科学的指导思想，因此目前高校的师资结构比例普遍呈现失衡的状态，主要表现在以下两点。

1. 课程师资比例失衡

高校创新创业教育课程通常分为3个层次：学校层面的创业教育通识课、学院层面的创业与专业教育相结合的融合课程、专业层面的创业学专业课程，师资构成也要与课程对应，分别为通识课程师资、融合课程师资、专业课程师资。

对某省的高校进行调研发现，创业通识课程师资数量严重不足，通常由高校团委、学工部人员担任教师，以该省一高校为例，全校上万名学生，但从教创业通识课程的师资队伍仅有7人，由于师资力量严重不足，创业通识课程课时缩减到6个课时；同时，融合课程师资也普遍出现数量质量问题，并且缺少相应的课程教材；专业创业课程的相应师资一般由商学院、管理学院提供，对师资质量要求高，也因此仅有极少数高校提供了创业学位课程师资。

2. 不同师资类型比例失衡

创新创业师资有不同的类型，按照教学领域来划分，可分为三类：企业师资、专业师资、创业辅导员。高校对于创新创业教育导向的差异，决定其相应的师资配置差异，普通高等院校重视理论课程，所以以专业师资为主，高职高专院校重视培养学生的实践能力，以"企业师资"和"创业辅导员"为主。企业师资较为稀缺，且各类型师资比例不平衡。

（二）组建方式多元，准入制度缺失

以选拔方式划分，目前我国高校创新创业师资组建方式有典型的三种。

1. 以创新创业教育项目为媒介，吸引师资参与创业教学或创业研究。例如，2012年XX大学推出"创业人才培养模式创业实验区"项目，将不同的实验项目分区，吸引教师加入不同的实验项目区，各实验区独自组建教师队伍。这种方式能够将创

新创业教育与专业教育深度融合，还能调动教师对创新创业教学的积极性，有利于提升师资教学水平，有利于促进创新创业教育的深入改革。

2. 按照课程体系设置，从校内外为创业教育选拔优秀的创业导师。例如 XX 大学，从全国范围内有序地选拔教师、企业导师、成功校友，共同组建创业学院的师资队伍。一般是根据各学院推荐的优秀教师，参考教师历年来的教学评价，择优录取，最后由接受教育的学生确定最终人选；高校还会从校外企业中聘请优秀的职业经理人或财务、营销等方面的精英，这些精英往往具有丰富的实战经验，讲课时富有感染力。

3. 学校行政人员、教师、辅导员等各类群体通过参与 KAB、SYB 等创业培训，提升创新创业教育教学能力，承担创业教学任务。

现阶段我国创新创业教育师资选拔方式多元，但缺乏相应的准入制度，选拔标准和门槛低。目前我国高校对于创业师资的要求较低，没有明确的准入制度，对创业师资的专业类型、学历层次准入门槛低。根本原因是创新创业教育发展时间较短，对于其师资，缺乏明确的标准好规范性文件。也有少部分高校对创业师资聘任和选拔工作制定相应的制度，但是标准难以确定，最重要的是现阶段创业师资匮乏，无法以高标准进行筛选，否则高校将严重缺乏创业师资力量，于是高校并不根据教师的理论或实践水平作为选拔标准，而是把教师专业教学水平的高低作为选拔依据。由此，出现了许多师资利用标准不明的现象。

当前，我国部分高校习惯于从社会各界聘请企业家、创业成功人士、专家等精英作为高校创新创业教育的兼职教师，这样做的弊端较为明显，一方面，兼职教师的理论知识不够扎实，缺乏教学经验，教学质量不高；另一方面，这些师资的教学方式多为短期培训班、讲座等，无法与学生形成长期有效的教学关系，教学效果不佳。

（三）创业学位初现，培训平台不足

在创业学位体系建设方面，我国部分高校也取得了一定进展。早在 2006 年，我国高校就已经设立了创业管理的硕士点和博士点，学位体系建设推进迅速。

根据主动性的不同，高校的创业教学师资群体通常分为两种类型，一种是"自下而上"，这类师资本身对创业教育感兴趣，主动从事创业教育教学工作，具有较强的专业理论背景，但缺乏创业实践经历，这类师资人数较少；另一种是"自上而下"，这类师资往往是被动从事创业教育教学工作，根据学校要求将创业教育知识或理念融入专业教育，一般没有受过专业的创业培训，对创业教育的认识较浅，没有扎实的理论基础，创业实践能力也明显不足，此类师资极大地制约了高校创新创业教育服务能力的提高。

由于我国的创业学位建设处于初始阶段，所以目前教授创业课程的教师绝大部分没有取得专业的创业学学位，创业师资的成长主要依赖于 KAB、SYIB、中国青年

创业国际计划 (YBC)、清华大学 DMC 创新创业研修班等各种专业的创业培训，但是目前我国的专业创业培训机构非常少，各大高校对创业教师的需求量大，所以培训机会供不应求，所以大部分创业教师难以获得成长机会。

（四）组织化程度提升，协调管理有限

我国高校创新创业教育在过去的发展历程中逐渐实现了组织制度化，对创业教育师资队伍的管理逐渐规范化，因此师资队伍也愈发专业化。综观中国高校创新创业教育，可以划分出三类主要的组织形式。

1. 以创业人才培养为主的组织类型

此类组织的主要职责是培养学生的创新意识和创业能力，促进学生全面发展，为国家输送创新型人才，主要负责高校的创新创业教育课程实施、师资管理和举办各类创业讲座，如 XX 创业人才培养学院、XX 学院的创业教育学院等。

2. 面向创业实践，以创业培训、创业实训为主要方式的组织类型

此类组织又可以分为两种，一种是以社会人员创业培训为重点的创业学院，招生面向社会上的各类有志于创业的青年，为社会人员提供培训服务，如"中国青年创业学院"；另一种是为大学生提供创业实战的创业园、创业基地等，主要为大学生的创业实践活动提供相应的场地和物质支持。

3. 以创业研究或创业指导为核心的组织

一种是创业研究中心，主要开展对创业教育的学术性研究；另一种是创业指导中心，主要职责是指导、扶持大学生创业实践活动。

以上三类组织形式各有特点，第一类具备统筹全校师资的职能；第二类以提供物质资源为主，师资调配能力有限；第三类以研究和创业实践指导为主，师资提供和管理受到限制。

根据对我国高校创新创业教育组织形式的调查发现，我国大部分高校缺少统筹管理创业师资的制度，管理情况混乱，无法合理运用师资力量。创新创业教育是一项复杂的工程，从横向上看，它涉及经济学、教育学、管理学、社会学、心理学等多个学科；从纵向上看，它的课程包含了全校层面、学院层面和专业层面。因此，高校应该设立专门的组织机构对全校的创新创业教育活动和资源进行统筹规划和管理。

二、高校创新创业教育师资建设策略

创业师资与传统师资存在着根本差异，其教学技能与知识类型的要求截然不同，从本质上来看，组建创业师资队伍是一个破旧立新的过程。创业师资队伍的特性决定了其组建过程不能随意，必须要有明确的目标作为指导，要以科学的理念理论架构作为支撑，科学的理念是保障行动质量的前提。

（一）设立分层推进的师资建设框架

1. 形成由企业、专业和创业辅导构成的师资框架

高校创新创业教育与普通教育的显著区别是“实践性与理论性并存”，通过课堂内的创业课程培养学生的创业精神，通过课堂外的创业实践活动培养学生的创业技能。创业教育的教学目标是帮助学生实现自主创业，因此，对于创业师资的素质要求也应包括创业理论、创业指导、创业实践三个方面的内容，对应师资为专业师资、创业辅导员、企业师资。

“全校性创业教育”是未来中国高校创新创业教育发展的总体方向，基于该方向出发的师资结构如图 5–1 所示。

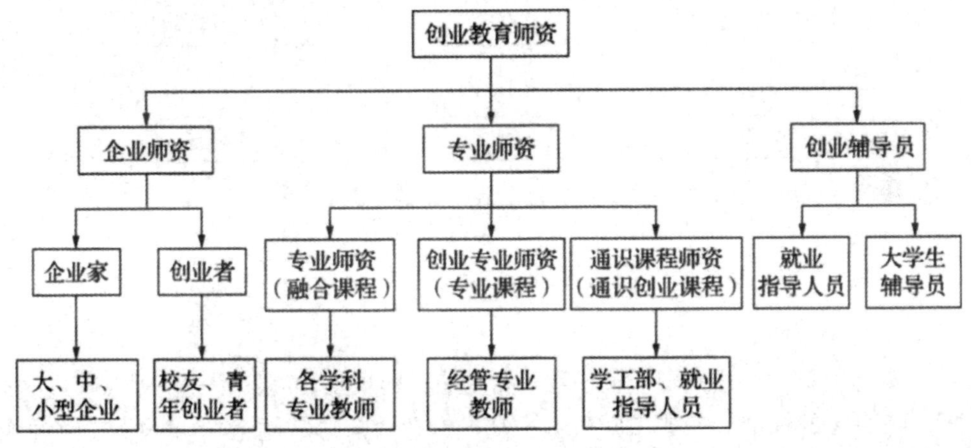

图 5–1　高校创业师资结构

2. 制定实践型、“双师型”和咨询型的师资培养目标

目前我国创业师资培养的问题没有太多可供参考的研究，前瞻性指导过少，国内还没有形成系统的创业学位体系，因此现阶段高校创业师资队伍建设主要依赖于引入外部师资和师资培训。

创新创业教育有着实践性与理论性的双重特征，因此能够同时掌握创业教育理论知识与实践能力的“双师型”师资是创业教育师资培养的重点目标。“双师型”教师的概念最早出现于职业教育领域，在 1998 年国家教育委员会发布的《面向 21 世纪深化职业教育教学改革的原则意见》中首次被明确规定。1999 年，深化教育改革的文件中进一步明确指出我国必须“加快建设兼有教师资格和其他专业技术职务的‘双师型’教师队伍”。与职业教育相似，创新创业教育最终要回归创业实践中，而实践又离不开理论基础的指导，因此同时具备创业理论和创业实践的师资是师资队伍建设的重点培养目标。

企业师资以提供创业经验为主，为学生提供创业实践的机会，传授实践经验给学生，因此需要具备丰富的创业实践知识和基本的教学技能；专业师资需要将专业

教育与创业教育相融合，要同时具备创业理论知识与创业实践知识，即“双师型”教师；创业辅导员主要为学生提供创业咨询服务，需要对创业法规、政策足够了解。不同类型师资对应的具体培养目标应有所区别，如图5-2所示。

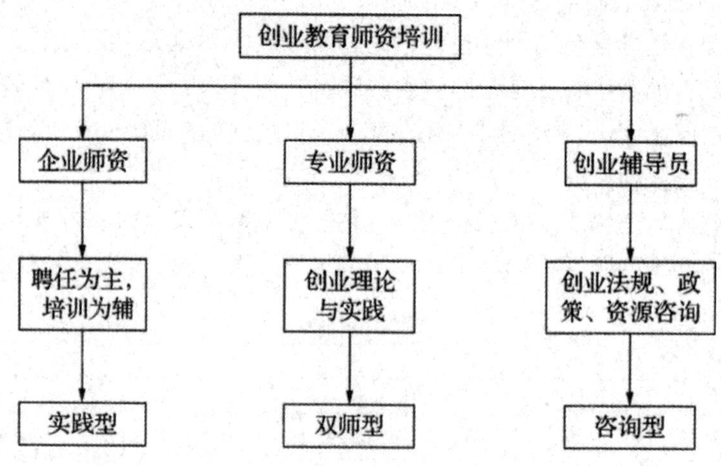

图5-2 创业师资培训目标

（二）建立数量充足的高素质师资队伍

1. 弥补师资缺口

依照教育部《普通本科学校设置暂行规定》的规定，高校专任教师的师生比不能低于1：18的标准，兼职教师人数不超过专业教师总数的1/4，此外，相关文件还对具体方向不同的院校规定了更加详细的师生比例标准。师资需求数量由受教人群决定，2019年中国各类高等教育在校学生总规模达4002万人，这么庞大的学生基数下，高校所需要的师资数量相应地也很大，但是现阶段我国高校的师资数量连师生比例的最低要求都达不到，尤其是创业教育的师资缺口很大。

2. 建立创新创业教育协调机制

要推进高校创新创业教育，必须要建立相应的协调机制，其中管理是不可或缺的要素。当前高校创业教育师资缺口大、质量不达标，管理混乱，完善的管理机制是创新创业教育制度化建设的必要因素。只有有效的协调机制才能保证创新创业师资队伍有效实现扩建，必须着力加强管理，从高校的整体发展来规划创新创业教育，制定合理的师资队伍建设计划。

高校要组建创新创业教育管理委员会等协调机构，统筹全校创新创业教育师资队伍的资源管理与分配，全面管理全校创业教育事务，如创业课堂、创业竞赛、创业实训等。

高校要成立由校内外人员共同构成的创新创业教育咨询委员会，主要解决创业教育实施过程中遇到的实际问题，如师资聘用、创业资金运用等问题。

3. 兼顾理论与实践的师资遴选标准

1999 年 6 月发布的《中共中央国务院关于深化教育改革全面推进素质教育的决定》中表明素质教育包括提升“创新精神和实践能力”在内的两大核心，这与创新创业教育的人才培养目标是一致的。从本质上来说，创新创业教育是一种素质教育，它的教育目标和方向反映了素质教育的核心与重点。创新创业教育的目的不仅仅是帮学生获得谋生的能力，更重要的是促使学生拥有创业精神和能力，促进学生全面发展，提高其综合素质，这些素质具有迁移性，能够帮助学生适应瞬息万变的社会。

素质教育理念下的创新创业教育要兼顾创业理论知识与创业实践经验，以理论知识为教学内容的基础，以实践活动为教学的重心，因此创业师资必须拥有良好的理论和实践教学水平。相应的，在选拔师资时，不能用传统的标准单纯看中学历和职称，要以满足人才培养的选聘导向来考察教师素质，要将理论素质与实践素养结合。

4. 制定灵活的兼职师资选聘制度

高校创业教育师资队伍建设中要提升企业师资的参与力度和质量，就要制定灵活的企业师资选聘制度，合理安排选聘中对专业需求、教学任务、薪金制度等内容。

选聘的企业师资应满足创业教学的多层次需求，如，创业课程的第一个层面是学校层面的创业通识课，该类课程可以选用校内辅导员、研工部、学工部等具有基本创业理论的教师，还可以适当将兼职教师纳入师资组成结构中，在不同的创业课程教学中选配一位或数位能够担任短期课时的兼职教师，兼职教师采用讲座、专题讨论等方式开展创业教学，为学生补充入门创业知识；创业课程的第二个层面是学院层面的创业融合课程，课程涉及创业理论与实践的结合，要求教师的理论知识和实践储备都合格，所以应采用专业教师与兼职教师一对一的协作模式，以学期为单位选聘能担任较长时间的兼职教师；第三个层面是专业层面的创业课程，应选用兼职教师独立教学的组织方式。选用创业学领域的专家，根据受教育者的需求，设立专门的创业课。

高校要不断完善选聘企业师资的制度，根据创业课程的不同层次的需求，选用符合要求的教师，真正将校外兼职教师融入高校创业教育师资队伍中，发挥兼职教师的教学辅助作用，对学生的创业实践发挥有效的指导作用。

（三）形成合理的师资结构

1. 组建结构合理的教师队伍

高校创业师资队伍由企业师资、专业师资和创业辅导员三部分人员构成。各高校应根据自身特点以及实际创业课程的教学需求，组建一支规模与结构合理的教师队伍。

现阶段我国高校创业师资严重匮乏，所以在建设师资队伍的实际操作中，一方面，高校要坚守师资选择的原则底线，制定灵活的选聘制度，扩大师资选择的范围，比如从参与 KAB、SYB 等培训人员扩大到创新创业教育的实践者和研究者，甚至是不同院系不同专业的人才，不拘一格降人才；另一方面高校要为优秀师资设立绿色通道，广泛吸引国内外的创业学专家。

与此同时，高校还应将教育与当地产业相结合，因为创新创业教育具有强烈的实践性，与产业有着适配性，吸引成功的企业家、投资商等人才系统地参与到创新创业教育中，有利于构建层次合理的教师队伍。

2. 统筹优化现有师资资源

高校现有的师资资源缺乏有效沟通和交流，其中最大的阻碍是院系壁垒，为了整合现有师资力量并优化资源配置，必须要打破师资之间的学院制约。各高校可以结合现实需要，依照创业课程的三个层次进行课程设置，形成通识教学、融合课程教学、创业学教学三种教学模块，将现有的师资资源合理配置到三个教学模块中，通过构建课程体系，促使创业师资形成关系紧密的教师网络。

根据完成的实际创业过程，形成不同的师资合作模式。第一种，一主多翼的师资团队。此类型师资团队可以共同完成一次完整的创业项目，能够有效满足创业活动整个过程中的需求。该类师资团队由不同专业的专家构成，一般会推举一位贤才作为团队的统筹者，统筹者需要组织教学活动的讨论、教学内容的选择，制定阶段性的发展目标；第二种，根据创业项目的不同阶段或不同专业领域的需求而组建的师资队伍。将在创业项目的不同阶段以及在不同领域发挥作用的教师进行组合，形成特定的师资队伍。

高校将现有的师资资源进行统筹优化，形成不同形式的师资团队合作方式，才能充分发挥每一位教师的优势，有效推动创新创业教育事业的发展进步。

3. 制定科学的教师协作教学制度

现阶段我国高校的专业师资依赖于校内师资，而企业师资则主要依靠引进高校外的企业人士，这种大量引入兼职教师的做法是我国创新创业教育发展的现实需求。

随着我国高校创新创业教育的不断推进和完善，高校的创业师资队伍也逐渐壮大，专业和兼职教师的数量大幅度增加，教师们师资类型不同，课时长度不同，这使得高校的师资管理工作愈发繁琐。在复杂的人员管理中，没有完善的师资衔接制度作为保障，则极有可能出现因教师离职而导致师资人员不足的情况，必然会对教育教学产生不利影响。因此，高校首先要对师资团队进行有序的管理和规划，同时引进兼职教师协助教学，最后还应与应聘的师资保持密切联系，以便尽快填补人员空缺。

4. 完善创业师资的激励机制

高校在管理创业师资时应坚持"以人为本"理念，突出教师在创业教学中的主

人翁地位，建立能够促进教师发展的激励机制，帮助教师树立正确的创新创业教育价值观，使其正确认识到创新创业教育对师生的发展起到的重要作用。

在实际师资管理层面中，高校首先要通过引导将教师的个人发展目标与创业教学的发展目标相统一，并规定教师基于学校创新创业教育发展的定位和在实践型人才培养需求上组织开展教学活动。对教师取得的成绩、作出的贡献给予可持续的评价和合理的回报，通过奖励来激励教师，增强教师的工作动力。

成立创业师资发展基金，对在创新创业教育事业中作出显著出成绩、有着突出贡献的教师给予奖励，如在创业课程建设、教学方法革新、创业实践等方面。一方面，奖励政策要符合教师劳动投入的薪酬制度，落实教师该得的工资、福利等，保障创业师资的利益。另一方面，营造一种推崇创业、鼓励冒险的宽松、自由的环境，为教师的教学营造良好的氛围。

（四）建立形式多样的师资培养体系

1. 推进创业学学位体系建设

目前我国高校创新创业教育发展过程中遇到的主要阻碍就是高质量创业师资的短缺，创业师资没有长期可靠的渠道，绝大部分师资都是来自短期速成的创业师资培训机构，这些渠道的师资质量普遍不高，而且也无法满足日益增长的师资数量需求。要解决创新创业教育师资的数量和质量问题，根本措施在于构建系统化的创业学学位体系，学位体系的建立能够吸引大量生源，从而培育出大批创业教育师资，系统化的教学培育能够提高创业师资的素养，使其达到高质量人才标准。

创业学学科的发展和创业学学位的设立，有利于吸引优秀的企业与管理人才加入创业学的阵营，有助于提高创业人才的质量，而且能够促使创业师资的长期供给，形成良性循环。近年来，我国在创业学学位体系建设方面已经取得初步成效，部分高校设立了本科创业学学位，还有极少数高校设立了硕士和博士学位。现实情况是，我国现有的教育资源与创新创业教育的教学需求相距甚远，必须继续加大创业学学位体系的建设力度，从根本上解决创业师资的数量与质量问题。

2. 提升双师型教师培养力度

创新创业教育注重理论与实践的结合，“双师型”创业师资是重点培养对象，要提供可靠的培训平台和充足的培训资金。各高校应设立专门的创业师资培训基金，吸引资金赞助，同时要以产学研为依托，与企业达成合作，将高校的专业优势与企业的实践优势相结合，制订校企合作师资培训计划。对创业师资的培训要注重其创业感受与体验，加强其实践能力，培训内容以企业管理、项目运营、危机处理为核心。此外，高校还应逐步制定“双师型”职称认定制度，积极引入具备“双师型”条件的创业人才。

在培养“双师型”师资的过程中应秉持以下原则：尊重师资职业发展意愿的

原则；师资专业领域与企业领域相匹配原则；兼顾高校与企业双方利益原则；理论与实践相协调原则。

3. 拓展创业师资培训渠道

拓展创业师资培训渠道需要政府部门推出相应举措，例如开展"千人创业师资项目"等培训项目，促使各大高校形成竞争关系，激发行业活力，从而推进创业师资培训工作的发展。高校创新创业教育在经历十余年的发展历程后，已经积累了一定的师资培训经验，也拥有一些优秀的师资团队，未来可以尝试将市场竞争机制引入高校创业师资培训，激发高校的主动性，促使其提供多样化的培养方案。

对创业师资的培训方法要注重体验式、活动式，在增长教师创业知识的同时，还要提升教师的创业实践能力。培训渠道要与国际接轨，学习先进的理论和内容，密切关注国际创新创业教育的前沿动态。在内容培训外，还要鼓励并支持教师参与创新创业教育国际交流，与优秀的学者进行沟通，吸收先进的教学经验，将之运用到我国的创新创业教育事业中。

4. 构建创业学习平台

要不断拓展创业学习平台，在互联网时代，要积极建立创业学习的网络平台，增强学习的便捷性，随时可以进行经验交流与资源共享。还可以在区域层面建立统一的创业学习网络虚拟平台，使得各个高校相互合作、相互学习，借鉴各种师资培养模式。

（五）组建适应区域发展的创业师资

1. 适应区域市场发展的师资培养导向

世界金融危机之后，世界产业格局特征日益显著，体现为两个方面：一是国际产业转移方向变为纵深向；二是新兴产业和高科技产业具备无限的发展潜力。我国在 2011 年发布的"十二五"规划纲要中强调未来的产业发展一方面要改造提升制造业，培育发展战略性新兴产业；另一方面要大力发展服务业。2013 年，我国产业结构调整呈现出明显的三条主线：转移和升级传统制造业、培育和发展新兴产业、提升服务业规模和效率。区域产业结构的变化带来了经济重心的转移，目前服务业产值在国内生产总值中占比最高。

经济重心转移向第三产业转移发展的客观条件对于创业者来说非常重要，创业者要密切关注对社会环境的变化。创业师资培养也必须对社会环境的变化保持敏感，基于区域经济未来的发展需要，要调整"双师型"创业师资的培育重点，根据区域重点发展产业的需求来安排创业师资培训。

2. 利用区域企业优势选聘企业师资

高校创新创业教育要充分利用区域经济优势，向当地企业选聘企业师资。

以浙江省为例，浙江省主要有四大经济发展模式，即"温州模式""杭州模式""宁

波模式”“义乌模式”，其中义乌地区的经济发展有着区域性与国际性并存的特征，该地的商贸经销网络遍布世界，带来了巨大的商业机会，催生了多家本土企业，企业产品远销海外，具有国际化的视野和雄心。这些区域经济中发展的企业是最佳的创业师资来源，高校要充分利用区域企业的优势，采取吸引企业家参与创业教学的措施，以便发掘企业师资。

高校可以与企业达成长期的、深度的合作机制，建立完善的合作制度，双方优势互补，在师资训练、专业互助、产业转化、创业咨询资金支持等方面达成共识。高校要委派学术型教师深入高新技术企业，体验创业过程，丰富实践经验，提高创业能力和创业教学能力。

3. 运用产业集群开展师资培训

产业集群是指同处于某一产业领域的企业或机构在地理上非常靠近，相互联系，具有共性和互补性。产业集群两种主要特征：第一，具有一定共性或互补性的产业在空间上高度聚集并形成空间网路；第二，集群内核心产业与辅助产业之间既是相互竞争关系，又是相互促进、学习的合作关系。

产业集群现象对于创业师资培育来说是非常有利的，一方面，各产业高度联系，在地理上分布位置非常靠近，高校教师可以依据产业分布，将不同专业的师资培训模块划分清楚，培训区分效果明显；另一方面，企业集聚标志着企业中同类专家的集聚，企业家资源为创业师资培训提供大量知识与技术支持。

我国各地区有着众多产业集群，并且呈现出结构完善、资源充足的特点，政府和高校可以共同推动创业师资培训事业，根据产业集群进行分专业、分模块、分区域的创业师资培训。

第二节 “互联网＋”时代大学生创新创业教育的课程体系构建

2014 年李克强总理提出了“大众创业，万众创新”的号召，我国便开始为“双创”提供良好的环境而开展了相关的建设工程。2015 年，国务院发布了推进“双创”工作的文件，意味着创新创业链建设工程的正式启动。高校是我国最重要的大型人才培养基地，更应该成为开展“双创”建设工作的主力军。2015 年，国务院办公厅发布的《关于深化高等学校创新创业教育改革的实施意见》是指导高校进行改革、开展创新创业教育的指导文件，明确了一系列要求，涉及人才培育质量标准、人才培养机制、创新创业课程体系、教学方法和考核方式等九个方面。但高校创新创业教育工作的实施并不顺利，因为高校的人才培养方案和教学计划已经饱和，高等教

育的原则在于稳定与改革兼顾，如果随意改动人才培养方案会影响高等教育的秩序稳定性，因此，高校创新创业教育的开展难题之一是既要保持高等教育的稳定性，又要顺利进行改革，把创新创业教育融入新的人才培养方案中，同时还能不额外增加学生负担。高校创新创业教育体系建设的另一个难点是要符合社会需求，同时要凸显学科的特色，充分发挥学生的主观能动性。

一、高校创新创业教育课程体系构建的指导思想

（一）理论知识学习与实践技能训练的融合

现阶段我国高校的创新创业教育中，对学生的考核出现了“失真”的情况，即考核情况无法正确反映出学生的学习情况，一方面，书面考试成绩无法真实反映学生对于知识点的实际掌握情况，是否能够将理论知识应用到实践行动中并掌握专业技能；另一方面，学生在实践教学活动中的实际操作在考核时没有具体的依据，或者是考核标准过于依赖理论知识的量化，于是无法准确评估学生的实践表现，无法了解学生是否掌握实践技能。因此，高校创新创业教育课程体系应该将理论教学与实践教学无缝对接，有机融合，要设置一套科学的认证方式，用以证明学生掌握了特定的知识点和实践技能，这样便能够不需要每个知识点都通过上课考试进行考核，能够更加准确地了解学生的学习情况，提高教学效率。

（二）单一个体学习行为与跨学科团体研究的融合

当前，高校的专业教育普遍分为理论教学和实践教学两个层面的环节，其重点都是培养学生独立学习的能力，因此考核的重点也是学生个人独立学习的能力。理论知识教学中对于学生团体式的研究不突出，没有适用的考核方式，考核关键点也比较模糊，因此学生团体式研究大多在实践教学过程中出现，一般是因为某一个项目或赛事而产生的，不是高校精心培育的结果。

现实情况中，学生在校内的创业训练、校外的就业实习、创业实践，都不是依靠个人行为便可完成的事，而是团体行为。因此，高校在设计创新创业课程时，要运用系统的眼光，在满足学生单一的学习行为得到发挥后，设计将其转化为跨学科的团体式研究实践。

（三）创新创业教育是增值教育，而不是新增教育

各大高校的教育课程体系和教学计划已经较为完善，学生的实践学习时间也快达到饱和。在此基础上，如果开展创新创业教育还需增加新课程，那么既有可能会破坏原有课程体系的稳定性，同时还会增加学生的学习负担，反而无法获得预期的教学效益。因此，高校在开展创新创业教育时，应该将创新创业课程当作原有课程体系的延伸，使其作为一种增值教育，而不是单纯的新增教育。此外，还应尽可能

把实践教学的环节剥离出来，整合能够利用的资源，使得理论教学与实践教学保持既相对独立又相互联系的关系。

二、高校创新创业教育课程体系建设策略

高校创新创业教育需要以课堂为载体来展开，但是它又与其他普通的教育具有一定区别。创新创业教育具有极强的实践性，在针对高校创新创业课堂体系的建设中，专家给出了三种思路：第一，按照授课内容的不同，将创新创业教育课程体系分为实践型课程和理论型课程；第二，根据不同的课堂表现形式，将创新创业教育课程体系分为隐性课程和显性课程；第三，根据授课形式的不同，将创新创业教育课程体系分为学科课程、环境课程、活动课程、创业课程。

（一）创新创业教育的基础学科课程设置

创新创业教育基础学科课程的设置是给创业者的创业活动奠定基础，是以此来让创业者认知到基础的创业知识，因此在设置课程时，可以从创业教育基本理论、创业知识基础、创业辅导课程三个方面入手。

1. 创新创业教育基本理论课程设置

基础理论课程就是让学生知道创业是什么？其课程内容则主要为“创业学概论”“创业基础理论”“创业辅导”等。

（1）“创业学概论”

即让学生知道创业是什么，以及在创业过程中，创业者所需要做的一系列准备工作，创业活动的具体步骤，以及创业活动中所需要运用到的知识有哪些。总的来说，创业学概论是创新创业教育的一门入门课程。

（2）“创业基础理论”

是在“创业学概论”的基础上进一步讲解创业相关的知识，是让学生知道，作为一名创业者，应当具备哪些良好的创业素质和基本能力，并通过国内外成功的创业案例来启发大学生的创业意识。

（3）“创业辅导”

是在创业基础知识的基础上，对创业活动的现实意义和影响做出进一步的阐述，还包括创业活动未来的发展，以及创业活动中正确的思维方式和行为模式。在创业过程中了解市场，充分利用各种资源来解决问题。

2. 创新创业教育专业理论课程设置

专业理论课程设置是让大学生了解到，在创业过程中所涉及到的其他各类知识，如创业法律基础、创业案例研究、管理学、市场营销学等。

（1）“创业法律基础”

与创业有关的法律知识主要包括有，《公司法》《行政法》《知识产权保护法》

《劳动法》《环境保护法》《合同法》等，旨在让学生在创业过程中做到知法、懂法、守法，在法律允许的范围内开展创业活动时，同时懂得利用法律来武装和保护自己。

（2）“创业案例研究”

创业有成功也有失败，成功的创业案例可以让学生学习到获得成功所要具备哪些因素，以此作为借鉴；而失败的创业案例则可以让学生从中汲取教训，避免自己在创业过程中出现同类型失误。

（3）“管理学”

管理学是创业者必须掌握的知识，目的就是让创业者能够在创业活动中有计划、有组织、有目的地管理人、事、物，同时又能对市场做出正确评价和选择，把握市场机遇。

（4）“市场营销学”

该门课程是为了加深学生对市场的认识和判断，并对消费者的市场行为做出详细的分析，选择合理的营销策略，便于学生在创业活动中针对不同的市场情况运用正确的市场营销手段，获得市场份额。

3. 创新创业教育辅助课程设置

创新创业教育辅导课程是在一系列基础课程上做出的质量提升，会根据学生不同差异性来做出针对性的教学，如学生不同的学科背景、知识基础、兴趣爱好、优势特长等，着重激发学生的创业意识、创业兴趣、创业精神、创造性思维等，使学生的创新创业教育都能够得到提升。

与此同时，学校还可以充分利用校内的师资资源，改变创新创业教育课程体系中教师严重缺乏的现状，利用教师的不同资源背景来发展专业的创新创业教师。比如，英语教师可以利用其语言优势来为学生讲解国外成功的成业案例；管理学教师则可以给学生讲解企业家精神、各地管理基本理论等相关知识。具体的授课形式可采用选修课方式，方便学生根据自身的兴趣爱好来选择学习课程。

（二）创新创业教育的活动课程设置

创新创业的活动课程设置是为了让学生在创业活动中找到自己感兴趣的方向，能够将自己掌握的知识、技能，以及获取的信息资源灵活应用，将自己的创业愿景实现。创新创业教育的活动课程可以从以下 4 个方面衡量。

1. 创新创业教育集体活动课程

创新创业教育集体活动课程是面向全体学生而设置的，具有广泛性特征，其目的是让学生全面地认识创业活动，了解企业运营操作的实际步骤和流程。具体的开展形式可以采用报告或讲座形式，由学校出面，在规定的时间内邀请创业教育专家或成功的企业家进行面对面交流，让学生能够从创业者的亲身经历中学习到经验，培养学生的创业精神，提高创业素质。

2. 创新创业教育专题活动课程

即选取创新创业教育中的某一个环节作为创业活动的重点，如营销环节、决策环节，以此开展创业教育实践活动。或是根据学生的需求，选择学生感兴趣的某一个环节，或是选择一个学生需要加强进步的环节来开展创业教育主主题活动。创新创业教育专题活动所采用的形式通常是商业计划竞赛，不仅能够培养学生的竞争意识，还能够加强学生的团队合作意识。常见的创新创业教育专题课程有，模拟营销大赛，参观企业了解企业文化和运作流程等。

3. 创新创业教育项目活动课程

即根据高校开展创业教育的总目标，在学校的支持下，以创业教师为引导者，明确创业活动主题下，学生自主设计创业活动项目，亲自实践自己的创业活动，最终完成整个创业过程，最后再对自己在活动过程中的表现进行总结、评价，以此来丰富自身的创业经验。创业教育项目的实施可以强化创业学生在创业过程中的独立判断能力、自我管理能力，让学生具备企业家的基本素质，在活动过程中得到良好的锻炼。

4. 创新创业教育项目潜在课程

创新创业教育项目潜在课程是指，在高校的创业教育活动中一种良好的创业氛围，这种氛围可以在无形中影响着学生的创业意识和创业行为，有利于提升学生的创业品质，从而提高高校创新创业教育工作的发展水平。创新创业教育项目潜在的课程可以根据高校现有的条件来开展创业活动，如企业家校友事迹展，知名企业家定期开展交流会等，培养学生的创业精神。

（三）创新创业教育的实践课程设置

创新创业教育实践实践课程能够加强学生对企业知识的灵活运用，培养大学生实质性的创业技能，既能开拓大学生的视野，又可以发挥他们的个人技能。一般情况下，创新创业教育实践课程的设置分为两种形式，即模拟创业实验和实际实践。

1. 模拟创业实验

模拟创业实验是一种模拟性、仿真性的实验课程，学生在课程中可以真实体验到创业过程中的各个阶段和步骤，如创业决案、创业项目选择、团队建设、如何管理企业、产品如何推广、售后如何到位等。还可以通过案例分析的方式，让学生身临其境地设想自己若正处于某一种情境中，应当要如何分析和解决所面对的问题。在模拟创业实验课程中，一般还会同步开设其他相关课程，如“沟通技巧与训练”“商业营销模式”“商务案件分析”“商业计划与培训体验”等。

2. 创业实践

创业实践是对创业理论知识的应用与验证。大学生创业实践一般采用两种方式，一是利用校内的专业实习平台，让学生在学校后勤、投资等部门参加实践体验，让

学生积累一定的社会经验。另外是通过开展校企合作的方式，让更多学生能够进入到合作企业去参与实习，了解到企业的经营和发展模式，积累处理问题的经验，为创业打下坚实的基础。

三、高校创新创业教育的学科化发展取向

我国高校教育不断深化改革，创新创业教育得到良好的发展形势，但是还有一部分高校没有重视创新创业教育，没有切实开展教育工作，只停留在会议和文件口头上，创新创业教育的教学观念、培养模式等重要环节没有落到实处。所以，如何加强高校创新创业教育的内在动力是现阶段迫切需要解决的问题，而最直接的方式就是加强创新创业教育的学科建设，在高校教育中厚植创新创业教育学科基础。

高校的学科建设是高校建设的基本单位，是高校学术发展的依托，是学术发展的有效载体。高校创新创业教育还未形成一个独立的学科，要实现长期发展就应该实现"学科化"。要把创新创业教育发展为独立学科，首先要使得其"科学化"。科学化的表现为以下几方面。

相较于研究中出现的业余成果，"学科化"最重视的是过程，关注教学和研究中的专业精神和专业水平，促使创新创业研究走向科学化发展；对于研究中出现的臆测，要以精确的、系统的理论知识和看待科学。对于从事创新创业教育事业的工作者和专业教师来说，学科化会让他们产生归属感，有利于他们更加投入教育工作；学科化是创新创业教育目标的定位，能够有效克服功利主义价值的滋生；学科化建设是推动创新创业教育走向规范化、专业化、科学化的有效途径，是创新创业教育持续发展的内在动力。

（一）中国高校创新创业教育的学科化特性

高校创新创业教育的学科化建设要从纵横两方面贯彻实施，纵向上要贯通小学、中学、大学，实现不同阶段的有效衔接，将创新创业教育融入到学生的整个学习生涯中；横向上要联结政府、企业、社会，建设开放的协同育人机制；要与时俱进，紧跟时代的进步，以人才驱动实现创新驱动，培养高素质的综合型人才，使整体性、开放性、时代性成为我国高校创新创业教育学科化的基本特征。

1. 创新创业教育学科化的整体性

创新创业教育学科化的整体性需要综合多种内在因素，如社会因素、心理因素等，从整体上把握创新创业教育与多种外部因素之间的联系，如政府政策、经济发展、社会进步、科技创新、文化变迁等。将这些因素与学科的原理知识、方法体系、研究体系等融合在一起，逐渐构成创新创业教育的原理体系、知识体系、方法论体系、比较研究体系。

创新创业教育并非是简单地将多种管理学内容叠加或重复，如市场营销、金融

财务、运作管理、人力资源、质量控制等，虽然这些内容是所需要学习的内容，但是根据创新创业教育的整体性特性来看，它是一个以企业的生命周期为依据，由多种知识组建而成的知识体系，利用全新的方法，将创业过程中涉及的分散的职能性知识整合成全面、综合、便于理解的知识。这也正是许多大学的商学院和管理学院，虽然其学术基础坚实，却无法顺利有效地开展创新创业教育的原因所在。更有专家指出管理学院开设的管理课程以职能性课程为主，不重视创新与整合性课程，脱离时代发展。在这种背景下，有着“创业教育之父”之称的杰弗里·蒂蒙斯发明了“蒂蒙斯模型”，是与“商机驱动”“团队驱动”“资源驱动”三个要素相匹配和平衡的一个模型，所解决的问题就是通盘整体的平衡，这也是蒂蒙斯创业教育理论和实践课程体系所突出的重点，即重视其整体性，整体性发展是高校创新难创业教育研究与实践的主要发展趋势。

2. 创新创业教育学科化的开放性

我国创新创业教育目前亟需解决的问题就是，如何协调和融合多种资源形成合力，共同解决学生的全面发展，这同时也是我国高等教育所面临的问题，但是从现实情况来看，我国教育平台和资源基本都是依赖政府、社会、企业。而解决这一问题的方法之一就是以创新创业教育为中心，以开放和分散的方式与政府、企业、社会等各个部门建立密切而广泛的联系，形成一个全社会支援大学生创新创业的网络。

在创新创业教育组建成这样一个相对开放的网络之后，对学科建设的要求则更高，如学科的发展取向、教师素质、教学方法等内容。

（1）创新创业教育不能停留在理论层面

创新创业教育是关于培养人的创造性的教育工程，所以在教育过程中不能只对高深的理论知识探究，创新创业教育不应该仅仅是告诉学生应该学习什么，还应该让学生知道要做什么，怎么做。创新创业教育是一门培养国家所需创新型人才的开放性课程，但是这一开放性特征也并非是指创新创业教育就是一直对未来美好教育的理想描述，而是在对未来新的教育取向进行指向时，又要从教育取向到教育工程技术转换的过程中进行示范，实现理论与实践的有效结合。

（2）教师要成为一个优秀的社会活动家

从事创新创业教育的教师应该成为一个优秀的社会活动家，首先要获得社会支持支持，集合社会资源，同时要秉持长远发展的目光，立足中国、面向世界，既要吸收国外先进的经验，也要能把我国的优秀文化输出到国际，组建具有国际格局的大平台，拓展师生的视野和思维。

（3）创新创业教育要重视“实践”

创新创业教育的开放性特征体现在其教育任务不仅仅要让学生懂得创新创业教育的理论内容，还要让学生具备创业的实践能力。所以教师在教学过程中就要思考“教什么”“怎么教”等问题。创新创业教育的本质就是创业实践活动，所以在教

学过程中不能只是空洞和抽象的形象体现，必须要面向丰富多样的实践活动，在实践过程中检验理论知识。

3. 创新创业教育学科化的时代性

高校创新创业教育要与时代的发展紧密联系。芝加哥大学原校长赫钦斯曾在1953年大胆预测：“如果我们得以幸存，我们将或在衣食无忧但工作短缺的世界，机器将代替我们工作。”这一预言恰恰就是当今社会的真实写照，全球各个国家都出现了就业难的情况，成为一个社会性问题。这也是各国对创新创业教育重视的根本原因，许多传统的工作岗位已经不再依赖于人力，取而代之的是机器，且机器的生产效率更快、更高，为了解决人们的就业问题，进行自我创业便是有效途径之一。在该背景下，“就业友好型”概念被提出，资本密集、技术密集的大型企业应运而生并获得国家投资，但是产业结构优化升级后，劳动密集型产业明显减少，就业岗位也随之减少。

强调“就业友好型”的增长，就是强调在保持社会经济快速增长的同时要平衡就业岗位，投资建设新型大型企业，同时对劳动力需求大的中小企业加大支持力度，这就要求我国高校的创新创业教育建设符合时代发展要求，要充分了解当前中国严峻的就业情况，在建设中国特色社会主义发展道路的同时，也开辟创新创业教育的特色化之路。

当然，当今社会所暴露出的问题并非只有工作短缺这一特征，还有一个显著的特征是以知识经济为主导的经济形态将是今后世界经济的发展趋势，进一步体现了创新型人才的重要性。

知识经济时代以经济知识化和社会信息化为主要特征，大学就需要改变以往传统的教育模式，转为以创造性为主的教育思想，以学生创新精神和创新能力的培养为核心。知识经济时代的大学已经从社会的边缘转移到中心，成为引导社会发展，推动经济发展的主力军，将大学生培养成创新创业型人才，就是推动社会的发展和经济的增长。而大学生的身份也不再仅仅只是工作岗位的搜寻者，他们更是工作机会的创造者和提供者。大学生发挥他们的创新创业精神并实践与行动，也使大学生自身的人生价值得到了实现。

正是基于这些鲜明的时代性特征，国家应当高度重视我国高校的创新创业教育，青少年具有丰富的想象力和创造力，是创新创业的主要力量。对于科技飞速发展的当今社会来说，创新是推动社会生产力发展的第一动力，是促进社会进步、改善民生的重要途径。

（二）中国高校创新创业教育的学科化道路

我国创新创业教育起步晚，其发展以政府为主导和驱动，从一开始的“以创带就”到“大众创业、万众创新”的政策拓展之路，创新创业已经成为我国经济发展的动力。

由此可知，发展创新创业教育不仅仅是高校教育的任务，也不是为了缓解当今严峻的就业形势的临时措施，而是为创新创业教育的未来发展定位、为国家培养综合型的高素质人才、完成人才强国、创新强国战略的必然选择。因此，我国高校创新创业教育发展应该结合当今中国国情，走一条"专业式"和"广普式"双规并进、"问题导向"与"学科导向"统筹兼顾、"政府驱动"与"高校需求"上下互动的特殊道路。

1."专业式"与"广谱式"双轨并进

（1）专业式

这种创新创业教育模式形成于美国，1974年，哈佛大学商学院的迈尔斯·梅斯教授在为MBA学生开设了"创业企业管理课程"（Management of New Enterprises）。这为美国高校的创新创业教育奠定了三个传统：

第一，商学院成为高校创新创业教育的主体；

第二，创业教育与MBA学生培养紧密相连；

第三，创业教育的目标指向是"新创企业管理"。

美国哈佛大学将这种"专业式"的创新创业一直传承到现在，其教育对象只针对MBA。"专业式"创新创业教育在传承过程中积累了教师、教材、案例、基础理论等原始资源，促使商学院的创新创业教育完成了"自生长"和"自成熟"的专业发展历程。

（2）"广谱式"

20世纪90年代，"广谱式"创新创业教育模式发展起来，其教育对象是全体学生，目的是提升全体学生的创新创业意识和能力。除商学院以外的高校普遍开展着该种模式的创新创业教育，科学知识与商业知识相结合，学生都在学习这两大类知识。

当前高校创新创业教育的学科化实际上可以看作是将"专业式"与"广谱式"，结合在一起。"广谱式"创新创业教育有着覆盖面广、差异化的优势，能够统筹兼顾，学生有着凭借接受教育的机会；"专业式"创新创业教育也有自身的优势，受众精准，教育目标明确，具有培养学生创业实际能力的基础。由此可知，高校创新创业教育的学科化建设应该以"广谱式"创新创业教育的先进理念为指导理念，以"专业式"创新创业教育的专业实力为基础，将二者进行结合，发挥出各自的优势，使得高校创新创业教育既具备培养学生实践能力的基础，又能覆盖多个专业领域，如工程、艺术、科技等，将创新创业教育融入到专业学科教育之中。既面向全体学生开展"广谱式"教育，提升全体学生的创新意识和创新能力，使其养成创造性思维，又要针对少部分极具创新天赋或具有强烈创新创业意识的学生开设专门的创业实验班，为其提供切实可行的创业教育咨询和帮助。将"专业式"与"广谱式"两种创新创业教育结合起来，有利于提升教育质量，促进学科建设的进步。

2."问题导向"与"学科导向"统筹兼顾

我国高校创新创业教育研究与实践始于"问题导向"。一开始，"以创带就"

的政策主要目的是解决就业难的民生问题，高校创新创业教育研究与实践立足于该目标，提倡自主创业和灵活就业，很大程度上缓解了大学生的就业压力，维护了社会和谐与政治稳定。因此，这一阶段高校创新创业教育研究与实践的采用的模式是“问题导向”，注重实际应用性。虽然“问题导向”研究模式对学科建设不够重视，但它对于高校创新创业教育发展有着重大意义，因此，在高校创新创业教育今后的发展中，应该协调处理“问题导向”与“学科导向”之间的关系，实现二者的统筹兼顾。

一方面，二者有着紧密的关联，“问题导向”的目的是“解决现实问题”，“学科导向”的目的是“进行学科建设”，两者都包含在统一整体性的学科化进程中。若不能积极解决大学生就业问题，只是表象化地将创新创业教育纳入科学建设中，而不去教导学生如何面对和处理创业过程中一些实际性的问题，创新创业教育的结果也将只是停留在表面。另一方面，对热点问题的研究是很重要，但是学科建设同样重要，若缺乏完善的学科建设，热点问题的研究和解决缺少科学的理论指导和基础支持，取得的成果也只流于表面。因此，高校创新创业教育既要做到对重点、难点问题的深入研究，也要脚踏实地，从整体性出发对学科建设进行规划，为创新创业教育确立正确的价值导向，为学科建设构建夯实的基础。

3.“政府驱动”与“高校需求”上下互动

我国对“大众创业、万众创新”这一指标尤为重视，这意味着就业率的问题能够得到提高，居民收入会有所增加，同时，还能促进社会经济增长，维护社会稳定，因此从企业到个人都应勇于创新，实现自我价值和精神追求，同时促进社会的不断进步和发展。我国在《关于深化高等学校创新创业教育改革的实施意见》中，明确提出了高等学校创新创业教育改革的指导思想、基本原则、总体目标。这意味着我国高校创新创业教育的目的不再是“以创带就”，而已经进入将创新作为社会经济发展驱动力的新阶段，即“大众创业、万众创新”。“政府驱动”使高校创新创业教育在发展过程中拥有有利的政策和资金保障，使创新创业教育能够在一定阶段内得到发展。

在这一现状下，创新创业教育研究需要以政府设置为导向，使自身的理论体系更加完善。在坚持“政府驱动”的模式下，还要注重“高校需求”，即以高校为主体，根据政府驱动，协同企业共同建设创新创业教育的生态系统。学科建设应以“高校主体、企业参与、社会支持”为指导思想。

“高校主体”的关键在于高校、企业、政府三方协同发展。要以高校为主体机构，建立大学生创业平台，一方面，高校要接洽多方资源，营造一个有利于大学生创新创业的环境；另一方面，要适应时代发展，积极推动知识资本化和技术市场化，成功政府和企业之间沟通的桥梁。“企业参与”的重点则在于为大学生一系列的创业活动提供服务，如资金、技术、场所等方面的辅助支撑，要扩大教育规模，需要

通过民间资本的支持，因此应该建立非营利性第三方组织，通过该类组织连接民间资本，为大学生创新创业提供专业化服务。“社会支持”指的是高校创新创业教育需要良好的社会风气支持，只有社会的文化氛围崇尚创新，创新创业教育才会真正被广大民众支持。

（三）中国高校创新创业教育的学科化发展方向

我国高校创新创业教育的学科化发展，需要把握主要矛盾，并将主流和主线区别开来，为教育发展创造更好的条件，需要构建共同的教育哲学基础、明确学科边界和主体领域、加强平台建设和人才培养。

1. 建构共同的教育哲学基础

创新创业教育哲学基础问题为“本质论、目的论、价值论”，这与教育哲学的根本问题高度重合，在创新创业教育中，将“培养人才”作为教育的本质，将“培养社会主义合格建设者和接班人”作为根本目的，将“人的自由全面发展”作为教育的价值，这从本质上是正确的发展导向。但是这种高度重合也同时引发了一系列问题：创新创业教育的特质是什么？它的不可替代性在哪里？如果不能解答这些本质问题，创新创业教育就没有存在的基础和意义，最终被其他教育所淹没。因此高校创新创业教育必须具备独特的理论特质，要根据宏观教育的规律，寻找到属于自身的本质、目的和价值，将其作为教育学科化的出发点和落脚点。

（1）创新创业教育具有“主动性”的本质

创新创业教育最为突出的特质就是其“主动性”，创新可以成为人们的一种生活方式和人生态度，激发人们发挥创造性潜力和本能，从而将外在的创新创业教育内化为主体行为，能够培养人的“创业自觉”。

（2）创新创业教育具有“超越性”的教育目的

这里所指的“超越性”包含了两个方面，即个体的自我超越和对传统的超越，创越性的创新创业教育主要是培养学生的开创性特质。

（3）创新创业教育具有“转化性”的终极价值

对于创新创业教育的教育对象来说，从接受教育知识到内化形成创业智慧并付诸实践的过程具有一定难度。另一方面，新发明、新创造要达到知识资本化，将思想付诸实践行动都需要长时间的努力才能实现。

创新创业教育学科化建设的根基是教育哲学基础，只有拥有本质论、目的论、价值论三方面的准确答案，实现高度统一，才能不再局限于狭义的定义里，而能够以同学科的知识为基础，开展多角度、多样化的探讨。此外创新创业教育的教育哲学还能促使创新创业教育融入到国家战略发展与现代化建设发展的体系中，从而提升教育高度，有利于推进创新创业教育学科化建设。

2. 明确学科边界和主体领域

有关创新创业教育的研究文章每年的发表数量将近 3000 篇，虽然数量可观，

但是从质量上，许多文章内容都几乎相同，研究方法基本雷同，研究角度也基本相似，这种同质化泛滥的现状是创新创业教育的学科化进程路上的阻碍，一个独立学科必须拥有明确的学科范畴和主体领域，再通过长期深入的研究得到科学合理的研究结果。为了明确学科的边界和主体领域，教育工作应该从以下四个基础层面入手。

（1）创新创业教育的基础文献研究

创新创业教育在我国起步较晚，是一门新兴学科，还未形成成熟完整的科学体系，缺乏相关研究和重要的文献编汇。因此，广大研究者在研究和教育活动中缺乏学术积累和科学话语体系，从而缺失学术认同感，使创新创业教育在实施过程中影响了学生的培养质量。

（2）我国不同类型高校开展创新创业教育的成功案例

创新创业教育源自于美国，因此，我国在开展创新创业教育过程中，必不可少地会引用国外的成功经验，但是，若只引用国外的成功案例，而忽略了对国内高校创新创业教育的实践关注，那么教育将会难以适应本土社会发展情况，无法获得理想的教育效果。因此，我国高校创新创业教育在借鉴国外先进经验时，要关注具体的教育环境，尤其是于高校教育相关的教育体制、机制、队伍建设等内容，结合实际情况开展教学改革，提高教育质量，最终引导学生人们实现实践创新。

（3）世界各国高校创新创业教育的比较研究

我国高校创新创业教育在针对欧美部分发达国家已经有了较为深入的研究，但是对印度、俄罗斯等国家的创新创业研究缺乏一定关注，对芬兰、瑞典、丹麦、法国、德国等，都缺乏关注和持续追踪。其实，在创新创业教育体系中，不同国家的实施对我们来说都是具有借鉴和反思意义的。

（4）创新创业教育与不同学科专业相结合形成全新教育模式

虽然创新创业教育在我国高校中都得到了大力推行，但是从目前的现状来看，许多高校的创新创业教育都没有形成专业教育，缺乏课程规划，没有与不同的学科专业形成全新的教育模式。这就急需将创新创业教育与各个专业相结合，从而大范围地推动创新创业的发展。

3. 加强平台建设和人才培养

平台建设和人才培养是相互作用、相互依存的，对高校创新创业教育的学科化建设都同等重要。加强平台的建设能够扩大人才培养规模，从而培养出更多优秀人才；人才规模扩充后，能够投入平台建设的人也相应增加。因此，将人才培养与平台建设相互结合，有利于整合资源，从而增加教育成果，培养出更多的优秀人才，壮大教育平台。

平台建设是目前高校创新创业教育取得进步和发展的基本保障，一般有三种建设模式。

（1）专业模式

由商学院或管理学院开展创新创业教育，教育对象是部分学生，教育目的是培

养专业化人才，与教育活动有关的事务都由商学院或管理学院调配。

（2）广谱模式

向全校全体学生开放创新创业教育课程，成立全校性的创新创业教育中心，加强顶层设计，融合校内和社会资源，全方位地推行创新创业教育，为学生提供良好的教育环境。

（3）整体设计创新创业教育学科建设方案

创新创业教育的学科建设方案可以采取三个步骤：第一步，按照高等教育学、教育经济与管理学的研究方向发展创新创业教育；第二步，加强对相关学科的研究，例如就业教育、职业生涯规划教育等，将相关学科与创新创业教育相融合，并探索出主流研究方向；第三步，将创新创业教育的相关研究方向进行整合，并正式在一级学科或是管理学科下设立创业教育学。

而在人才培养方面，首当其冲的应当是对教师素质和能力的培养。从我国高校从事创新创业教育的教师专业背景来看，基本是来自于商学院或管理学院，这主要是由于在许多高校中，创新创业教育并未成为一门专门性的学科，而是被当作临时开设的课程；大部分教师不具备专业的创新创业课程教学素养，来自相关部门，如就业中心、校团委等工作部门；还有的教师来自于其他各个专业，在实施创新创业教育时，都会结合自身本专业的特点来进行，因此无法进入专业主流，且最终获得的成效也不甚明显。教授创新创业课程的教师缺乏学科归属感，自然在学术研究或教学活动中表现不佳，所以亟需建设专属的发展平台，还可以针对不同类型的教师，分别建设相应的发展平台。比如“学院型”和“兴趣型”教师，他们都有一定的知识基础，也属于高校教师，应该设立专门的培训机构对其进行培训，为教师提供实训资源；对于“公益型”教师，由于他们是来自于社会的兼职教师，可以帮助提升他们的理论性知识而建立专门的学术平台，使他们具有相应的学术型知识。

第六章 “互联网 +”时代大学生创新创业教育的实践教学体系构建

第一节 大学生创新创业教育实践教学体系概述

一、实践教学体系

（一）实践教学与教学体系

从实践教学的内涵来看，实践教学是与理论教学相对的概念，包括所有理论教学以外的教学内容，体现为教学中的各种实践活动，如实验、实习、实际设计、社会调查等。通过实践教学能够促使学生获得感性知识，将理论联系实际，掌握独立解决实际问题的技能和技巧。

从系统论角度来看，教育目标引导着教学体系的服务，服务的具体内容则由教学活动的相关要素构成，能够实现特定的教学功能，其存在形式拥有稳定的结构，体系内的要素相互影响、相互作用，形成一个有机体系。在以往，教学体系的构成要素一般认定为三个部分，即教师、学生、教材，而现如今，教学体系的构成要素还包含了教学目标、教学内容和教学环境。

（二）实践教学体系的内涵

实践教学体系是一个有机的整体，其内涵有着狭义和广义之分。广义的实践教学体系由目标、内容、管理、评估体系等要素构成，而狭义的实践教学体系是指广义意义中的内容体系。本书对实践教学体系的阐述以其广义内涵为参照，包括但不局限于目标、内容、管理和评估四大要素，还将实验、实训、实习等实践环节作为体系中的实践教学活动来认识。这里所说的实践教学体系目标是人才的培养，其主要内容是实践教学活动，并需要依托于相关的环境资源的一个整体体系。

二、实践教学体系构建的理论基础

实践教学的主要内容是实践教学活动，在开展实践活动的时候与社会诸多领域产生了联系，因此实践教学体系的构建也与社会各领域有着重要联系。实践教学行为必然需要相应的思想作为指导，通过综合考察实践教学内涵可以发现，实践教学活动以学习论思想为理论基础，在确立教学目标、选择教学内容时以学习论思想为指导思想。

历史上出现过众多学习理论，例如行为主义心理学家创造的“刺激—反应”学习理论，认知主义心理学家则从人类认知过程过程对学习的组成因素进行研究。可以确定的是，学者们在研究学习论时都十分重视社会因素和个体因素。

教育思想受到构建主义学习理论的直接影响。该理论观念认为，人所掌握的知识和技能并不是单纯的靠积累，而是在大量的实践过程中个体主动掌握的，这意味着，在教育过程中，学习者的学习动机的激发尤为重要。在以往的教育过程中，教育者是先讲述理论知识，再进行实践活动，而且实践活动极少，在这样的教育模式中成长的学生实践能力普遍较弱，在进入社会后缺乏核心竞争力。因此，高校创新创业教育必须确立实践教学的主体地位，重视在学习过程中所获得的知识和技能，同时教师要注重教学情境的营造，利用真实的情境来提升教学成效，使学生在学习时具有真实的任务感，有利于提高学生的学习兴趣和效果。同时，将学习情境营造得与现实情况相似，有利于提高学生的实践能力，在遇到相似的现实情境时学生也能主动地构建自己的理解过程和创造过程。

三、实践教学体系在创新创业能力培养中的重要作用

高校的创新创业教育中，其核心是对学生创新能力的培养，创业能力是在具备一定创新能力的基础上升华而来的。实践能力是创新能力发展的基石，高校构建时间教学体系是时代发展的要求，是适应社会人才需求的体现。

1. 实践教学体系是将理论与实践结合的重要手段

自古以来，学习致用都是学习知识重要的目的，学习的归属在实践，要达到学习目的同样需要通过实践活动，学生在实践教学的过程中能够提高将理论知识运用于实践的能力、独立解决问题的能力，有利于提高其进入社会后的竞争力。

2. 实践教学体系是本科教学体系的重要组成部分

实践教学作为本科教学体系的重要组成部分，决定了高校在教学过程中，不仅要让学生获得理论知识，还要让学生具备实践能力和创新能力，将学生培养成全面型人才。此外，实践教学也是高校培养专业人才的目标。

3. 实践教学是学生创新能力培养的基石

要成功地激发出学生的创业潜能，学生首先要有一定的实践能力，然后再提升为创新能力。实践能力是创新创业能力发展的基石，因此，要提升学生的创新创业能力必须开展相应的实践教学。

4. 实践教学是促进学生个体全面发展的重要方式

进入 21 世纪，国际竞争的本质是国家综合国力的竞争，综合国力的提升需要依靠高素质人才，我国高校是非常重要的人才培养基地，提升学生的综合素质是人才培养目标的要求，通过实践教学可以促进学生全面发展，提高其综合素质。

第二节 大学生创新创业教育实践教学体系建设策略

一、当前高校实践教学体系存在的问题

近年来，中国各大高校积极开展实践教学，并采取了相应的改革和改进措施，比如为了改善实践教学条件而加大对实验室的建设投入，这些措施对于提升学生的实践能力和创新能力有一定的作用。但从我国高校的教学环节来看，实践教学还处于探索阶段，因此还有许多显著的问题存在。

（一）对实践教学的认识和重视程度还不够

受到长期的传统教学模式的影响，当前还有大部分高校对于实践教学不够重视，实践教学在高校教育中地位较低，高校依然在实施重理论轻实践、重知识传授轻能力培养的教育。目前大部分高校的人才培养方案仍然以理论课程为主，教师单方面向学生传授知识；以实验环节为辅，培养和提升学生的实践能力和创新能力。显然，这种忽视实践能力的人才培养模式已经难以满足当今人才发展的需要。

实践教学活动对于提示学生的综合能力有着重要作用，一方面，学生能够在实践教学活动中将理论与实际相联系，将其掌握的理论知识运用于实际问题的解决中，促进了学生对理论知识的掌握和运用；另一方面，学生经常参与实践活动，其观察力、分析能力、解决能力等都能得到锻炼和提升。

在培养学生过程中，教学观念要做出一定的转变，从原本的理论知识教授，转为学生实践能力的培养，将实践教学作为人才培养的重要方式。

（二）高校实践教学改革缺乏整体规划

尽管有部分高校在教学过程中已经开展了实践教学，如实训、实习等。但是从本质上来看，这些实践教学活动相互之间并没有实质性的联系，处于无序的混乱状态，实际在人才培养的过程中发挥作用并不理想。造成这种现象的原因是高校对实践教学的规划缺乏系统性和整体性，没有构建一个实践教学体系的正确认识，这使得开展的实践教学活动具有孤立性、片面性。

因此，高校应该坚定专业人才培养目标的方向，运用系统性思维和整体优化思想指导实践教学体系的构建。

（三）实践教学体系构建缺乏与之相适应的环境条件

实践教学与理论教学很大的不同还在于，实践教学需要耗费大量的人力物力和财力，开展实践教学活动通常需要有设备、场所和教师师资的支撑，甚至还要得到社会和企业的支持，所以说在实际的操作中是具有一定难度的。

目前高校的实践教学遇到一些问题，在师资队伍方面，教师没有过硬的技术以及丰富的实验经验；在硬件设施上，实验室环境陈旧、设备老套，没有足够的资金去更换，这是大部分高校在实践教学环节中所面临的一个问题。即便是有少部分高校成功建议起了实验室，但是由于合理的共享机制，使得这些实验室没有发挥出真正的作用；在实践教学基地的建设方面，许多高校在校外建立的实践基地数量不足，而且很大一部分都缺乏稳定性和持久性，难以发挥有效的实践教学功能。

二、实践教学体系的理论构建原则

实践教学体系是一个有机整体，要保持高效运行则必须使体系中多种要素相互联系，共同作用。要科学构建实践教学体系必须要遵循相应的原则，在创新创业人才培养的范畴和实践教学体系上构建一般性原则。

（一）目标性原则

高校实践教学体系的构建必须有着明确的目标作为指导方向，现阶段我国高校实践教学体系应把培养大学生创新创业能力作为目标，把培养既具有扎实的理论基础，又具有较强实践能力的大学生作为体系的出发点。高校在制定实践教学体系人才培养目标前，应充分了解社会对人才的需求情况、高校的人才培养规格、专业学科的特点等，这样才能制定合理的、有针对性的目标。

（二）系统性原则

高校实践教学体系应该是一个有机整体，具有系统性和整体性，所以在构建的时候必须遵循系统性原则。即结合高等教育的教学规律和人才培养的特点，根据教学中各个环节的作用和相互之间的关系，科学系统地将它们联系起来。实践教学的科学性还表现在能够使实践教学与理论教学相互融合，两种课程都能够按照合适的比例分配课时，双方发挥各自的作用，且形成互补关系，保证教学体系各个环节的统一协调。

（三）层次性原则

人的能力提升并非一蹴而就，而是一个循序渐进的过程，所以在高校教育中，人才的能力培养也有这一特点。高校实践教学体系应该分不同的阶段和层次，不同阶段和层次的目标由简到难，按照不同的阶段和步骤渐进式地深化，教学环节也如此，由单层次到多层次，由基础到综合。

（四）实践性原则

实践性原则是实践教学体系的根本目标之一，即培养学生创新能力和实践能力，其中最有效的方法就是尽量多让学生参加各种实践活动，避免让教学过程一直停留在理论环节，确保教学内容具有实践性。高校要根据社会对人才的需求，通过模拟现实环境的实践教学活动来开展教学。

三、面向创新创业能力的实践教学体系

（一）实践教学体系结构

实践教学体系的人才培养目标就是培养创新能力和实践能力的人才，其核心前提就是实践型人才的培养，教学的核心内容即指导学生的实践活动，并结合环境资源为实践教学体系构建一个有机体。因此实践教学体系结构中的三大要素是：培养大学生创新创业能力的人才培养目标、实践教学活动、环境资源。这三大要素的关系是相互联系、相互促进的，如图 6-1 所示。

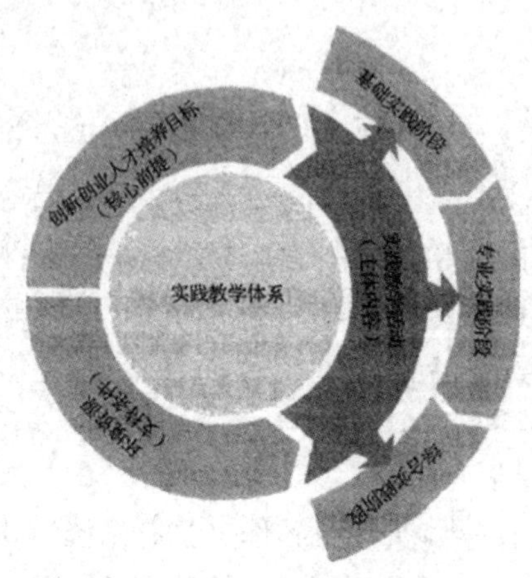

图 6-1 实践教学体系结构

（二）实践教学体系构建的目标导向

高校实践教学体系构建的目标导向是创新创业人才培养目标，意味着高校要把培养学生创新创业能力作为实践教学的目标，并以这个目标为导向，将实践教学体系中的各个环节有效地串联起来。高校开展实践教学的目的就是在活动过程中培养和提升学生的实践能力、创新素养和创业潜能，提升学生的综合素质，促进其全面发展。

1. 培养学生理论联系实际的能力

实践教学最重要的目的就是让学生能够将理论知识灵活地运用到实践活动中，理论知识最后的归属是实践，只有具备将理论联系实际的能力，学生在进入社会后，遇到现实问题时，才能熟练地运用理论知识将其解决。

2. 培养学生发现问题、解决问题的能力

目前大学生的从业现状并不理想，大部分大学生在求职和就职的过程中都暴露出多种问题，比如不善于发现和观察，不具有解决问题的能力，等等，这都是实践能力不强的表现，也正因如此，所以大学生在求职和就职过程中无法将自身优势有效展现出来。因此，高校要通过实践教学，使大学生在实践中独立观察、思考，培养其发现问题、解决问题的能力，为其进入社会打下基础。

3. 培养学生创新能力、激发学生创业潜能创新

当今社会的发展需要大量创新型人才的推动，在变化迅速的时代环境中，创新型人才能够发挥举足轻重的作用，为社会作出重大贡献，所以创新能力对于人才培养具有重要意义。因此高校要重视对大学生创新能力的培养，通过实践教学不断提升学生的创新能力，激发其创业潜能，为学生开辟新的行业、实现自我价值提供条件。

高校要依据自身具体情况，制定合理的学科实践教学计划，紧紧围绕培养学生创新创业能力的人才培养目标，将实践教学的每一个环节都落到实处，并保持各个环节之间的关联性，不断补充和革新教学内容，培养和提升学生的实践能力，促进其创新能力的提升。

四、实践教学体系构建的主体内容

如图 6–1 所示，实践教学体系的主体内容是实践教学活动，遵循层次性原则，实践教学活动分为基础实践阶段、专业实践阶段和综合实践阶段三个层次阶段，在这三个阶段中，实验内容深度、实践技能层次、综合应用水平呈现递进的特点。将实践教学活动分为不同的层次阶段，有利于学生循序渐进地提高实践能力，可以将培养学生创新创业能力的内容合理地、切实地落实到实践教学活动中，有利于提升教学效果。其中，每个层次阶段具体的实践教学活动安排不同，如图 6–2 所示。

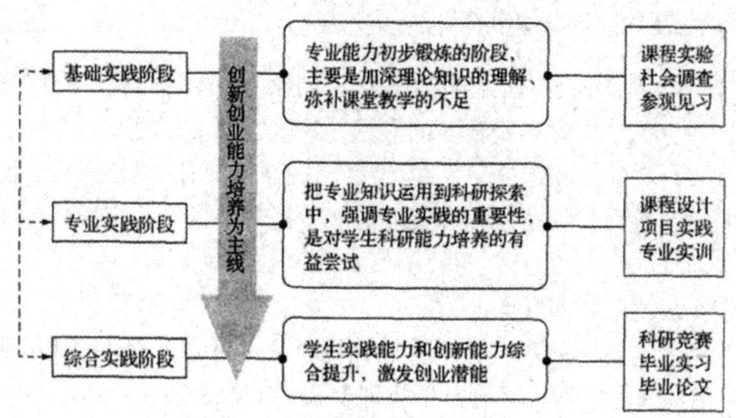

图 6-2 不同阶段的实践教学活动

（一）基础实践阶段

基础实践阶段是专业能力初步锻炼的阶段，是专业实践阶段的前提。该阶段主要的作用是帮助学生加深对理论知识的理解，为课堂理论教学作补充，教学重点是培养学生的基本技能和基础实验能力。

基础实践阶段的主要内容分为课程实验、社会调查和参观见习三个部分。课程实验要求学生运用掌握的理论知识进行实际操作，促使学生在实践中获得基础的实际操作能力；社会调查即给定学生一个地方和问题，让学生在去走访调查进行分析研究，这是让学生将课堂中的理论知识在实践中进行检验的一个过程；参观见习主要通过教师带队参观与专业相关的校外单位的工作，目的是增长学生的专业见识，为以后的学习打下基础。

（二）专业实践阶段

专业实践阶段是在经过专业知识的系统学习之后，开始把所学知识运用到科研探索中，强调专业性和科研性，是培养学生科研能力的尝试。专业实践阶段主要包括课程设计、项目实践和专业实训三个部分。

课程设计是巩固学生所学理论知识的重要阶段，目的在于提升学生提出、分析和解决问题以及科学研究的专业综合能力；项目实践部分，由于学生的学习时间是有规划性的，无法在一个学习时间段中将所有的专业知识一次性掌握，因此在这一环节中，学生可以利用各自的特长或兴趣爱好选择一个专业项目参加实践活动，与其他同学组合在一起形成项目小组，根据教师的指导，一起学习和研究，团队形式下的互帮互助有利于培养学生的团队精神和融会多学科知识的能力；专业实训的形式主要是校企合作，由教师或企业专业人员引导，为学生模拟真实的工作环境和状态，有利于学生积累经验，做好心理建设，提高其未来对工作环境的适应能力，同时还能让学生切身感受到社会行业对人才的具体需求，为学生发展相应能力提供动力。

（三）综合实践阶段

综合实践阶段重点培养学生的综合实践能力和创新能力，主要包括科研竞赛、毕业实习和毕业设计三个部分。

科研竞赛环节进一步锻炼学生把理论知识应用于实践的能力，一般有两种情况，一种是大学生在指导教师的辅导下，参与教师的课题研究、科研立项或者是大学生的创新性实验项目等学术活动，另一种是参加专业性的竞赛；毕业实习指的是大学生投入实际工作，没有教师从旁指导，学生发挥自己的综合能力，做好自己本职工作，解决在工作中遇到的一系列问题，为企业发展创造价值，毕业实习能够让大学生尽快适应真实的工作环境，积累工作经验，为正式进入社会做好充分的准备；毕业设计也是一项实践活动，它与毕业实习相辅相成，是对大学生专业知识的总结，有效锻炼大学生的创新能力和科研能力。

我国大学生创业成功率介于2%到4%之间，西方国家大学生的创业成功率在20%左右，两者差距非常大，但是相比2000年前我国鲜少有大学生创业的情况，当前的创新创业教育还是发挥了一些积极作用。对于高校创新创业教育，我们既要看到进步也要看到与国际的差距，要大力发展综合实践阶段的内容，通过这样的方式提升大学生创业的成功率。

五、实践教学体系构建的环境资源

实践教学体系的构建需要一定的条件支持，物质、制度、环境等方面的条件，只有同时满足教学硬件和软件的要求，实践教学体系才能顺利实施。硬性条件和软性条件都是资源环境，是实践教学体系成功开展不可缺少的依托和保障。

（一）完善实践教学管理机制是高校实践教学体系构建的前提条件

管理机制是督促实践教学体系有效运行的重要保障，其内容具体有以下几个方面。

1. 分级组织管理

高校的学生数量多，专业多，人员组成比较复杂，所以要实行分级组织管理制度，一般高校分为校、院二级管理组织，由校级管理组织制定实践教学相应的管理办法和措施，各二级学院负责实践教学的具体组织和实施。

2. 教学制度管理

在过去，高校各个专业需要完成自己的教学计划，学生接受的教学内容是相同的，学生不能自主选择想要接受的课程。这种统一化不利于培养大学生的创新能力，所以高校要完善实践教学制度，实行“弹性学分制”，赋予学生自主选择个性化课程的权利，既能让学生完成专业学科的学习，还能满足其学习兴趣，激发其学习动力，提高学习效果，培养其创新能力，促进学生的全面发展。

3. 运行评价管理

要保证高校实践教学资源得到最有效的利用，必须建立一个促使各种教学资源相互协调和共享开放的机制，使得学科专业资源、软硬件条件、校内外实训实习基地等实验教学资源得到有效利用，为实践教学活动的开展提供可靠的保障。同时，还要建立评价反馈机制，在实践教学的各个环节中获取反馈信息，能够起到良好的监督与指导作用，通过评价反馈信息能够进一步加深对实践教学的了解，不断改进不足之处，有利于提高实践教学的质量。

（二）实践教学基地建设是高校实践教学体系构建的环境保障

作为重要的环境保障，实践教学基地的建设主要分为校内与校外的基地建设。在校内建设实训基地时要结合校企合作模式，根据企业内容针对校内学生进行培训，将企业实际运营项目模拟到实践内容中，管理和实训的内容由学校负责。校外实习基地位于校外，一般是与学校合作的企业所在地，由企业的老师带队指导，学生到企业进行实习。

构建一个良好的实践环境，是为了能够更好地培养学生的创新能力和实践能力，因此，高校为了提升实践教学质量，要以校内实训基地为核心，加大校外实习基地的拓展，积极推动实践教学基地建设，为学生营造一个良好的实践环境，提升学生的实践能力，促进其创新能力的提升。

（三）高素质的实践教学师资队伍是高校实践教学体系构建的质量保障

近年来，随着高校实践教学的不断推进，教育相关人员开始认意识到，负责实践教学的教师已经不是以往教学模式中的辅导员，而是实践教学过程中的教育主体，师资队伍的综合素质直接关系到实践教学成效，同时也会影响到学生的实践能力和创新能力。为了取得良好的实践教学成果，高校要加强实践教学师资队伍的建设，要重点培养“双师型”实践教学师资，通过培训、考核等多种途径提高师资的综合素养。

第三节 “互联网 +”时代大学生创新创业支持体系构建

一、基本思路与原则

在社会发展迅速的“互联网 +”时代，大学生创业会遇到了许多阻碍，有资金、政策方、技能、服务等方面的困难，虽然有一部分高校对大学生进行创业培训，但仅靠这些措施是无法支持大学生成功创业的。要达到有效支持高校毕业生创业成功不能依靠零星的几项措施，而是需要一项系统工程，需要一个成熟的教育服务支持体系。

我国目前还没有形成一个完整的创业支持体系，而在发达国家基本都有先进的创业教育体系，尤其是美国，还有系统的支持大学生创业的政策，这些都为大学生创业提供了有力保障。我国可以借鉴发达国家的经验，构建并完善我国大学生创业支持体系。需要注意的是，在构建我国大学生创业支持体系的过程中，不能一味照搬国外的经验，要实事求是，依据我国国情，学习他国先进的经验，不能急于求成，要落实保障大学生创业的相关服务工作。

二、大学生创业支持体系的构建

建立有效的、合理的大学生创业支持体系当今社会发展的要求。大学生创业支持体系要符合我国国情，以家庭、社会为基础，符合时代发展要求。有效的大学生创业支持体系，能够让大学生全面了解创业的情况，正确认识创业的方方面面，并帮助大学生克服创业过程中遇到的各方面的阻碍，为大学生创业提供一定的物质和精神支持，全面鼓励大学生创新思想，充分地发挥自己的主观能动性，突破自我，实现自我价值，为中国特色社会主义建设做贡献。

（一）构建完善的创业政策支持体系

我国自改革开放以来的四十年时间里，经济保持高速增长，社会一片繁荣发展的景象，在这样良好的经济环境中，存在着众多潜在的创业机会。但是我国现行的市场经济体制下仍然有许多漏洞，经济秩序并不是完全受控的。如果完全依靠市场主导经济发展秩序，那么大学生的创业将会举步维艰，无疑会降低大学生创业成功率，令大学生的创业信心和积极性受挫。因此我国应通过政府干预市场经济的方式

来为大学生创业创造有利条件，政府可以制定相关的政策来帮助和鼓励大学生创业，使大学生创业过程中减少阻碍，获得一定的扶持。

1. 创业鼓励

政府制定鼓励大学生创业的政策后，要联合社会、高校一起宣传这些政策，让大学生知晓政策的存在，以往绝大多数人都不知道这些政策的存在，这导致许多大学生因为预估到创业的艰难而放弃创业。社会各界尤其是媒体，应通过各种媒介深入宣传支持大学生创业的政策和措施，促使具有潜在创业想法的大学生产生共鸣，因为获得鼓励而增添了将创业理念转化为创业行动的勇气。

同时，官方媒体要加大大学生创业成功典型案例的报道力度，为大学生创业者树立榜样，营造一种轻松友好的创业氛围。社会各界也应该加强合作，尽量给予大学生创业者一些支持，增强大学生的创业积极性。

2. 税费减免

国家要制定相关的优惠政策给予大学生创业者税费优惠，简化大学生创办企业和企业运营中的繁琐程序，减免相应的行政管理费用，减轻其创业负担。

3. 技术支持

大学生决定创业后，必然在筹备、运营等环节中遇到一些问题，这些问题若得不到及时解决，必然会影响到企业的正常运营和发展。而要解决问题就少不了政府在政策法规上的支持，比如要求国有企业和知名企业在条件允许的范围内尽量和大学生企业进行技术交流，给予一些技术层面的帮助。

此外，高校的科研力量也可以为大学生企业提供技术支持，比如日本经济产业省，大学生企业将高校的科研成果转化为市场产品，既可以依靠产品获利，又可以在获利后反哺学校的科研力量，促进高校的科研发展，形成一个良性循环。

4. 项目支持

大学生企业在创办之初很难获得合适项目，因为大学毕业生往往没有足够的人脉和资源，在拥有好的发展前景、运营模式下，如果没有好的项目，企业也不能实现营利，那么企业难以健康长久地生存发展，这会导致大学生创业失败。政府和社会组织应该给予适当的援助，运用一定的经济手段进行正确、合理的引导，将一定比例的政府采购项目和社会采购项目分配给大学生企业，帮助其顺利获得项目工程。

（二）构建完备的创业教育支持体系

高校是大学生创业前学习理论知识的基地，要培育大学生相关的专业理论知识、创业基本技能以及艰苦奋斗、敢于创新的精神。我国对于高校的创业教育十分重视，在 1999 年 1 月教育部就颁布了《面向 21 世纪教育振兴行动计划》，提出了我国国情下的高校创业教育的构想，并且选取了几所知名高校作为实施创业教育的试点。

然而由于种种原因，这些举措没有很好地执行和推广，构想未能变成现实。因此，我国大学生在很长一段时间里普遍创业理论知识储备不够，创业素质不高，创业积极性低落。创业教育是大学生成功创业的前提条件，必须大力开展创业教育，为大学生创业奠定理论基础，激发大学生创业能力。

1. 纳入学分

高校要把创业教育纳入与学生成绩和毕业相关的学分体制，使其成为如同专业课一样的必修课，提高大学生对创业教育的重视程度，促使尽量多的大学生接触到创业教育。除了理论课程的普及，还要加大实践教学活动的推广，例如各种创业技能竞赛、创业培训、创业活动，大学生可以从这些实践教学活动中获得学分。

高校要顺利开展创业教育，必须将创业教育纳入学分体制，这是保证创业教育在校内普及的必要前提。

2. 课程设置

在创业课堂中使大学生保持学习兴趣和积极主动性非常重要，这是大学生真正掌握创业理论知识和创业技能的关键点，因此高校创业教育课程设置要考虑到如何让大学生产生学习兴趣并提高其对创业教育的接受度。

高校创业教育课程设置一方面要使得创业教育与专业教育相融合，在专业中安排与之相关的渗透性创业课程，例如化工、机械等理工科专业，法律、文史、会计等文科性的专业，根据专业特性，将创业课程与文理专业相结合，自然地切入专业教育中，使得创业理念得到充分释放；另一方面要通过调查统计出受大学生广泛欢迎和喜爱的课程内容、形式等，可以摒弃传统的应试教育讲课形式，避免学习过程变得死板，要积极借鉴国外先进的教学经验，如圆桌会议、创业课程试验、模拟商业谈判等创业课程形式，这些创业课程形式有利于培养学生独立分析问题、解决问题的能力，还能让学生更加详细地了解今后的创业流程，并在此过程中传授给学生创业知识，为大学生创业打下理论基础。

3. 创业竞赛

为了给当代大学生提供有力的创新创业条件，我国教育部门联合社会各界举办了各种大学生创业竞赛，为大学生搭建了广阔的创业舞台，如 2019 年举办的第十届中国大学生服务外包创新创业大赛。创业竞赛是大学生展示自我能力的舞台，也为大学生积累创业经验提供了机会。

（三）构建强有力的创业资金支持体系

资金困难是大学生创业遇到的重大难题，企业的创建、运营、维系都需要资金的注入，良好的资金链状况是一个企业健康稳定发展的必要前提。只有在资金充足的情况，大学生创业构想才能转化成创业成果，因此大学生创业过程中要有效地通过各种渠道引入资金，构建一个强有力的创业资金支持体系具有实质性的重要意义，

该体系应以家庭、学校、政府、社会为基础。

1. 家庭支持

根据对大学生创业基本状况的调查来看，超过70%大学生的创业原始积累，是来自家庭、亲戚。这种情况说明在当今社会，大学生创业想要通过商业信贷获取创业资金并不顺利，这意味我国关于优惠大学生创业的资金政策非常缺乏，亟待出台相关的法律法规。

家庭支持除了在资金等物质支持外，还包括家庭对大学生创业的精神支持。家庭的精神支持不仅仅是赞同和鼓励的行为，同时还包括家庭成员对创业失败的心理预期，这减轻了大学生对于成家立业、赡养父母的心理负担。这些精神支持能够有效缓解大学生创业初期的生理和心理压力。

2. 学校支持

高校的资金对于大学生创业来说有着实质性的影响，能够缩短创业周期，有效降低时间成本，有利于大学生在校内专心学习创业的理论知识、培养创业技能和创业品质、构思创业计划。高校可以从三个方面给予大学生创业资金支持：一是将科研成果进行商业化；二是举办高品质的创业竞赛进行创业奖励；三是直接设立创业种子基金

3. 政府支持

大学生在创业初期会遇到许多来自社会大环境的阻碍，这时最希望得到的是政府和高校的援助。政府可以从以下几个方面对大学生创业进行资金支持：第一，制定相应的资金政策，针对大学生创业减免相关的税费，降低大学生创业的资金门槛，为其减轻经济负担；第二，政府可以硬性规定国有商业银行设定一定比例的商业贷款给大学生企业，根据当地经济情况调整贷款利率，同时建立适合的担保预约制度，提高大学生融资的便捷性；第三，政府设立创业基金。

4. 社会支持

社会的资金支持主要来源于市场上的一些民间组织，是除了家庭、高校、政府的资金支持外的资金补充。社会各方力量对大学生企业进行融资援助可以从以下三个方面入手。

第一，民间非营利组织可以联合专业的投资机构或投资人对大学生创业的优秀项目进行风险投资，尽管这种投资方式是股权投资，但机构投资者能够为大学生企业提供多方面的援助，如咨询、财税等方面，为新创企业提高了存活率。

第二，民间非营利组织可以组织一些企业投资与其发展方向相关的大学生企业，以加盟公司、旗下公司、技术联合等合作形式，这种资金支持形式对于投资的企业和大学生新创企业双方来说能够达到双赢效果。

第三，民间非营利组织直接对大学生创业进行资金援助或者贷款，但是由于资金额度小且利率较高，所以这种资金支持方式有很大的局限性。

（四）构建完善的创业服务支持体系

大学生创业过程需要涉及社会各方面的服务，需建立一套完善的服务支持体系能够发挥对大学生创业的助力作用。

1. 创业基地

大学生在获得了创业资金、创业项目之后，需要一个固定的办公场地进行企业的日常管理、生产、科研开发等工作，这种地方被称为创业基地，也叫做“孵化基地”“孵化园”。这种创业基地往往呈现出集聚效应，同行业的办公基地集中在邻近的地理区域，比如大学校园内或产业园内。在获得办公条件后，大学生新创企业需要将自己的创业结果转化为创业产品，最终实现市场化，为企业盈利。如果不能盈利，那么大学生创业失败的局面不可避免。

创业的大学生刚刚踏入社会，缺乏市场经验和营销渠道，创业产品的市场销售需要政府、高校、社会的市场导向支持。政府可以预留一定数量的政府采购合同给大学生企业，同时还可以号召广大社会组织对大学生企业进行资源共享，尤其是信息资源，降低信息不对称的程度。大学生创业者要在政府、高校、市场的引导下深入了解自己从事的行业的相关情况，及时获取信息，确认自己的客户资源，完成市场细分。

2. 管理服务

创业支持体系的目标不仅仅是帮助大学生成功创立企业，更重要的是让大学生企业得以健康成长，能够长期稳定地发展。管理服务水平的高低将直接影响大学生企业的后期存活率和发展状况，管理服务可以从以下三个方面进行。

（1）在创业基地设立专门的管理服务部门，对大学生企业进行多方面的援助，如法律、财税、会计等企业事务的咨询与援助，这些服务能够对大学生企业发挥实质性的帮助。

（2）内部管理。对大学生企业的内部管理主要是在充分了解企业的产权结构和现行的企业组织结构后，对企业人力、财务等资源进行合理分配，有序的内部管理有利于企业的生产经营，还能够减少企业可能会遇到的纠纷和问题，从而使企业保持良好的经营状态。

（3）对大学生企业的相关人员进行培训。由于企业已经创立，所以对企业人员的培训内容不再是创业相关，而是行业内的基本常识和经验，包括在不同岗位上的企业员工应该承担哪些相应的责任并需要具备怎样的与职位相适应的素质和能力。对企业员工的培训有利于加强企业的人才竞争力，帮助大学生企业壮大发展。

3. 积极心理学服务——增强创业自我效能感

自我效能感可以理解为个人对实施某项活动所需能力进行主观评估，评估结果可以直接影响行为主体的行为动机。自我效能感的影响因素主要有直接经验、间接经验、言语劝说以及情绪反应。大学生的创业过程从创业观念的改变到创业构思到

创业实践，全程都需要创业的自我效能感支撑，因此，要为大学生提供心理服务，增强大学生的自我效能感，从而使其增强创业的信心和勇气。要增强大学生的创业自我效能感就要积极鼓励学生重视创业课程教育，掌握创业理论知识，培养创业能力；同时要投身实践活动，多与亲友交流获得鼓励；树立正向的榜样，将榜样作为前进道路上的指引方向。

三、大学生创业支持体系构建的对策建议

这些年来，大学生创业在社会上引起了广泛关注，这是一项关乎千家万户、关系到社会和谐稳定的民生工程，政府对大学生创业给予高度关注，从中央到地方，出台了各种鼓励和引导大学生创业的措施以及优惠政策。随着政策效应的扩散，大学生创业的热情不断增加，如今投入创业的大学生越来越多，大学生创业支持体系也越来越完善。

（一）创业形势分析

在"互联网 +"时代，创业可以成为一种生活方式，创业教育则是一开放、包容、创新的思维。人们可以不受时间和空间限制地在互联网技术平台接受创业教育。

1. 政府政策制度体系的支持

随着人们进入信息经济时代和知识经济时代，我国对于创业和创新的重视程度大大提高，为了保障科研人员的合法权益，肯定知识和创造的价值，我国政府正在加快改革科技成果产权制度、收益分配制度和转化机制。同时，提高对创业和创新活动的扶持，不断简化行政审批手续，降低创业门槛。另外，政府还未营造公平竞争的市场环境和法治环境而努力，大力破除技术壁垒、行政垄断的藩篱，为构建创业创新制度体系清扫障碍。

2. 经济发展的内在需求

大众创业、万众创新是我国新时代经济增长的新引擎。改革开放四十年后，目前我国的经济增长已经由之前的高速增长阶段进入中高速阶段，依靠丰富廉价劳动力发展经济的方式在当今时代已经不可行，我国面临经济增长动力不足的问题，因此必须要寻找新的经济引擎。

相比以往，当今我国的经济发展形态高级，分工复杂、结构合理，因此经济增长的驱动力也要随之改变，由传统的要素驱动、投资驱动转向创新驱动，这是经济发展的阶段特征决定的，也是时代的要求。

3. 全民创业的文化环境

90 后、00 后逐渐成为社会劳动主力军，他们普遍受过高等教育，在互联网浸染的环境中成长，他们思想开放，具有国际化视野，深受创新创业文化的影响。随着国家的鼓励和推动，创客文化成为现今年轻人群体中的流行文化，全民创业的文

化氛围正越发浓厚。

4. 个人价值实现的重要方式

人们可以通过创新创业实现梦想，获取财富，为社会做贡献。创新创业已经成为实现个人价值的重要方式。

（二）大学生创业方向建议

1. 利用电子商务线上创业

“互联网 +”为普通人提供了巨大的创业平台，创业门槛被大大降低，大部分普通人都可以利用互联网平台进行创业。大学生可利用电商平台创业，在电商平台开店。一方面可充分利用大学生的身份在高校内开拓顾客资源；另一方面，电商平台的消费者大多为年轻人，大学生对于同龄人的消费习惯较为熟悉，可以更好地掌握消费者的心理，入门较为容易。

2. 利用网络技术、技能创业

大学生群体是互联网的主要使用群体，普遍熟悉互联网的特性，其中不乏网络高手，从事与互联网相关的工作具有优势；同时，大学生接受高等教育，高校中互联网相关专业越来越多，身处科技前沿，具有技术优势。有利用网络技术进行创业的大学生可以积极参加一些创业大赛，如软件编程、动画开发等，吸引投资者的关注，获取更多创业成功的机会。

3. 利用互联网进行在线智力服务

智力和知识是大学生最为丰厚的资本，大学生应善于抓住机会，利用互联网在线进行智力服务。智力服务创业项目门槛低，投资较少，比如家教、设计、翻译等服务，只需要一台电脑。

4. 连锁加盟领域

据统计，在某一经营领域中，个人创业的成功率普遍低于 20%，而加盟创业的则高达 80%。大学生创业资源十分有限，个人创业成功率很低，所以可以加盟连锁品牌，借助连锁加盟品牌的优势，如品牌、技术、营销、设备优势，以较少的投资、较低的门槛实现自主创业。大学生可以加盟一些生活服务行业的品牌，如餐饮、数码快印、零食超市等。

（三）大学生创业支持体系构建对策建议

对大学生创业的培育和引导，是一个长期的过程，需要政府、社会、高校、家庭各个方面的共同努力，在当今更需要充分利用互联网技术优势，以“互联网 +”思维构建大学生创业支持体系。

1. 以“互联网 +”为载体构建高校创业教育体系

（1）利用“互联网 +”技术构建适合各区域的创业教育课程体系

创业教育课程是实施创业教育的主要途径，是承载创业教育理念的载体，也是

实现创业教育目标的重要手段。利用“互联网 +”技术可以构建满足不同区域高校的创业教育需要的自助课程体系，该体系能够适应不同地区高校的要求以及学生的特点，可以全天候、高覆盖提供服务，如通过专门的创业教育网站，手机 APP，官方微信公众号等开展创业网络课堂。

（2）基于“互联网 +”技术构建高校创业教育实践体系

创业是一种落实到实践的活动，因此对大学生实践能力的培养非常重要。在当今时代，可以改变传统的实践教学方式，利用“互联网 +”技术设置一系列创业实践活动，吸引大学生参与其中。如构建线上线下创业实践平台体验、网上模拟创业实战经营；通过互联网的视频系统，让学生实现与创业教育专家进行互动交流。

（3）以“互联网 +”技术为支撑建立高校创业教育评价体系

创业教育是内容复杂的工程，创业教育的效果难以有效评估，大学生的创业综合素质、创业能力等因素并不能全面反映创业教育状况的实际情况。为了更准确地掌握创业教育的实施情况和最终效果，高校需要利用“互联网 +”技术建立科学合理的创业教育评价体系，以创业率、创业成功率、创业教育影响力等因素作为核心指标，建立相关模型，用大数据分析法，得出科学结论，以推进创业教育健康持续发展。

2. 强化学生创业教育和指导，培养大学生创业理念和创业能力

国家应改革人才培养方案，加大对大学生创业意识和创业能力的培养力度，将创业教育纳入高等教育的课程体系，使创业教育成为大学生的必修课程，进行系统的创业知识的传授。对于有创业意愿和创业能力的大学生，高校就业指导部门应推荐其到创业型企业进行实习，使其获得交流和事件的机会，有利于增加大学生对于创业的整体认识，积累创业经验。

3. 为大学生创业提供个性化扶持，提高首次创业成功率

政府部门一方面要为大学生创业提供政策上的优惠和扶持，如减免创业行政收费、税收优惠政策、简化审批程序等；另一方面还要为大学生创业提供个性化的扶持，要结合大学生的文化水平、综合素质、社会经验等特性，引导其从事与自身特性行匹配的创业项目，实现个人理想与创业方向的结合，并为其创造有利条件，提高大学生的创业成功率。政府可以成立由高校专业教师和创业企业家组成的“创业导师团队”，对刚起步的大学生创业企业进行一对一的帮扶。

4. 大力开展创新创业竞赛活动

我国科技相关的部门应联合社会力量组织开展大学生创业创意竞赛，借由竞赛的契机鼓励和引导大学生将自己的创新创意转化为创业项目，为大学生创业营造良好的氛围。并借由竞赛的机会，搭建创业投资人与创业大学生的线下沟通交流平台。

高校或或相关政府部门要关注创业大学生的基本情况，充分了解到大学生具有

缺乏社会经验、人脉资源、销售渠道和企业管理经验的特点，在考虑到不同大学生个体的专业优势和性格特点后，积极组织协调多个大学生进行共同创业，以达到优势互补的效果。政府应尽可能为大学生创业提供公共服务，如开展创业实训、孵化培育、模拟运作等服务，引导并帮助社会力量组织创业指导机构，以便为大学生创业企业提供法律、财会、投资等方面的专业服务。

5. 充分运用“互联网＋”新理念，打造大学生创新创业新模式

大学生创业企业，尤其是传统产业领域的企业，应充分展现“互联网＋”新理念，利用互联网的优势，实现传统产业信息化。大学生创立的小微科技企业，应充分发挥互联网的特性，打造一个开放式的创新平台，以此为载体，汇聚社会力量，为客户提供各类个性化的服务和体验，加快企业创新和个性化发展步伐。

6. 基于互联网技术搭建众创服务平台

政府应适应新型创业型孵化平台的特点，尽量降低搭建平台的成本，如简化登记手续，对公共软件给予适当补贴，对线下“众创空间”的房租、宽带等成本给予优惠政策，以鼓励创业大学生将自己的创业想法转化为创业实践。政府要将网上的“创客联盟”、线下的“众创空间”等平台汇聚起来，构建一个凝固孕育于移动互联、根植于创业草根、适用于创新创创业的孵化空间，打造成培育各类青年创新人才和创新团队的孵化综合服务平台，帮助创业者将创意变为现实。孵孵化平台要尽量为创业者与投资者之间消除信息不对称，帮助双方完成项目和资本对接。政府要鼓励科技创业企业利用服务平台的优势集中开展技术难题攻关和创新创意研发，有利于降低企业的科研成本，提高核心竞争力。众创服务平台响应了“万众创新”的号召，为广大创业者提供了有效服务。

7. 积极跟紧互联网经济发展势头，引导大学生开展电子商务创业

政府要顺应互联网经济的发展势头，积极打造大学生电商创业实践基地，联合高校开展大学生网上创业模拟实训，提高大学生的实际操作能力。同时要引导大学生电商企业进驻电商创业园，以便为大学生电商企业提供孵化和运营一体化服务，如电商培训、技术支持等服务。政府对大学生电商企业给予一定的场地租金补贴，也可以以奖代补。

8. 加大资金扶持力度，创新创业融资形式

大学毕业生初入社会，缺乏资金和人脉资源，因此大学创业非常需要风险投资，只有解决融资问题才能将创业进行下去。但是我国的风险投资体系还不够完善，信用制度很不健全，创业大学生的想要顺利融资并不容易。政府应该为大学生创业搭建融资平台，为大学生创业者解决融资困难的问题，为其创造有利的创业环境。政府要完善资本市场体系建设，建立大学生信用体系，为大学生提供便捷的融资渠道。此外，对于帮扶大学生创业的社会企业，政府可以给予一定的奖励，以此引导社会力量加入支持大学生创业的阵营中。

各级政府应设立专门的大学生自主创业储备基金，重点资助当地拥有良好发展前景的大学生创业项目，尤其是新兴科技行业。同时，政府还要充分发挥"种子资金"的带动效应，由政府拿出少量资金，带动社会和民间资金，成立"大学生创业风险基金"，对投资项目的选择则交给第三方专业机构，机构对申请资金的创业项目进行风险评估，通过评估的才有机会获得基金支持。政府应该联合金融系统为大学生创业企业拓展多种融资渠道，如以大学生申请的专利或其他知识产权来进行融资。

政府要加快设立高等学校毕业生投资机制，形成大学生创业的助推器；要制定政策规定各商业银行对高校学生创业贷款计划单列，加强贴息贷款力度；建立中小企业信用担保体系，引导银行向大学生创业企业放款。

9. 整合社会创业政策，提高大学生创业的服务保障能力

整合政府对社会各类群体的创业优惠政策，将政策普遍落实，实现普惠性，落实对大学生创业企业的税收优惠政策，放宽对大学生创业的注册资金和场所的限制；政府要加强大学生创业园建设，在创业园建立人才信息库，在园内设立信息交流平台，为园内创业企业提供学习交流机会；建立大学生创业孵化基地，对有意向创业的大学生进行创业培训，还可以提供小额贷款、税费减免等一体化服务，切实提高对大学生创业的服务保障能力。

10. 建设创业实践基地，激励和满足大学生创业需求

创业环境并非一成不变，而是动态发展的，根据不同区域的经济发展水平、社会结构而变化，不同区域的政府帮扶和优惠措施也不同，这些因素造成了创业环境的不同。创业环境能够对创业企业产生重大影响，各地政府应该为大学生创业营造良好的创业环境，满足大学生的创业需求。

大学生创业基地不以营利为目的，具有社会公益事业性质，当地政府应给予一定的资金援助和政策支持。但是目前一些地方政府的财政承付能力不足，所以创业基地的生存发展不能完全依赖于政府的支持。创业基地要不断探索并开发出能够满足市场需求的服务产品，通过产品市场化来获取收益，提高自我生存和发展的能力。大学生创业基地要在坚持公益性目标的基础上，将政府的帮扶和自主经营结合起来，积极寻求可持续发展的方式。

政府要加强大学生创业基地建设和高科技创业孵化器的建设，建立创业园，通过集聚效应降低大学生创业风险。政府要建立完善的创业帮扶机制，不仅依靠政府，还要引入社会力量和民间资本参与大学生创业项目中，提高大学生的创业成功率。通过孵化科技产品，加快创业项目的市场化，促进大学生创业成功。另一方面，资源是有限的，在支持创业项目时要经过相应的审核，有针对性地支持项目，构建科学、规范的创业支持体系。

11. 提供完备的创业指导咨询服务

根据《中华人民共和国中小企业促进法》的规定，我国大力促进中小企业的发展，

要建立与完善中小企业社会化服务体系。该服务体系的目标是为各类中小企业提供多层次、全方位、社会化、网络化的服务，为中小企业营造良好的经营环境。大学生创业支持体系也属于这个服务体系中的一部分。

构建高校学生创业支持体系，首先要树立以人为本的服务理念，以满足大学生创业的实际需求为出发点，不断完善服务内容，并对服务内容进行创新。体系的重点服务内容有：为具备创业意向的大学生提供创业咨询、创业指导与策划、创业培训等服务，为大学生新创企业提供财会、税务、法律等方面的服务，此外还有关于政策与信息、管理咨询、技术支持、人员培训等服务内容。

其次各类服务机构要从多渠道征集、开发创业项目，建立“创业项目信息库”将创业者的信息归档，充分了解创业项目的详情和创业者信息。服务机构要帮助创业大学生掌握基本的创业技巧，指导其制订创业计划书，对创业项目做详细规划，通过多种形式的帮助来提高大学生的创业成功率。

创业教育服务体系还有一项基础工作是建立高素质的创业辅导员队伍，这需要依靠政府和相关职能部门，将社会各行业的优秀创业人才组织起来，如企业家、法律专家、管理咨询专家等，将这些人才组织成一支为大学生创业提供服务的队伍。建立完善的创业辅导员选聘及管理制度，对创业辅导员进行有序管理，使其成为真正为大学生创业提供帮助的重要力量。有条件的地区可以组织多种创业交流活动，发挥创业辅导员对提高大学生创业成功率的有益作用。

12. 多措并举提升大学生创业能力

长期以来，受我国传统社会观念的影响，大学生毕业后一般会选择就业、读研、出国留学，大学生创业的思想和行为受到了很大限制，这是由创业教育的严重缺失造成的，而反过来，我国的创业教育缺乏正是因为受到传统的思想观念的束缚。因此，我国大学生创业教育的推广势在必行。

创业教育对于大学生创业有着必要性，创业教育能够提高大学生的创新能力，从而激发大学生的创业能力。因此，为了促使大学生树立正确的创业理念、掌握创业知识和技巧、培养创新创业能力，高等学校必须改变传统的教育模式，加大创业教育的实施力度，把创业教育与专业教育相融合，形成一个完善课程培养体系，根据社会需求变化设置创业教育课程。创业教育能够营造良好的创业氛围，促使学生的创业能力和潜力得到充分发挥，有利于促成大学生积极创业。高校创业教育还应针对教师设置激励机制，充分调动教师的积极性，建立合理有效奖励机制，促使教师指导帮助大学生创业，不断推进创业教育的发展。

大学生创业教育建设需要多方力量的共同作用，只靠高校是不够的，必须得到政府、社会的共同支持。社会力量主要是指企业与高校达成合作，优秀的企业家为大学生授课或开办讲座将实战经验分享给大学生，为大学生进行创业指导；政府建设大学生创业支持体系，为大学生创业营造良好的环境，整合有限资源，针对性地

帮扶优秀创业项目。

13. 为大学毕业生创业配备指导老师

大学毕业生在创业阶段缺乏实践经验，此时非常需要实践经验丰富的人给予指导，因此，高校应与企业达成校企合作关系，为创业的大学生们配备创业导师。一般是由高校聘请相关项目的企业家，让大学生与导师相互了解后双向选择。创业导师一般是职业经理人或高层管理人员，能够指出大学生创业过程的不足之处，并及时解决遇到的问题。创业导师的指导可以使大学生少走弯路，提高创业成功率，也提高了效率。

14. 鼓励创业受挫的学生

高校不能只看到创业成功的学生，对成功事迹大肆宣传，表彰成功的创业者。同时也要关心创业受挫的学生，以鼓励、包容的态度应对，使学生感受到良好的氛围，减轻大家的心理压力，消除其恐惧感和焦虑感。这种良好氛围有利于促使大学生将创业当做一件平常事，从而愿意加入到创业队伍中来，全心投入到创业项目中。对于创业失败的大学生，高校可以为其举行创业经验座谈会、创业失败总结会，疏导其情绪，同时加强创业培训，弥补不足之处，提高自己的能力，重新振作。

第七章 大学生创新创业教育的教学方法创新与科学评价

第一节 大学生创新创业教育的教学方法创新

大学生创新创业教育是面向全国大学生，同时结合专业教育的一项人才培养的全过程，因此该项教育又具有一定的广泛性和普及性，旨在让全国每一个大学生都具有创业观念、创业者精神、创业思维、创业能力，而不是仅仅局限在概念型知识的传授。

在我国的高校教育中，创新创业教育是教育发展的又一大趋势，各高校在实施该教育模式的过程中，由于教育对象的广泛性和差异性、专业类别的多样化、培养目标分层等现实状况，所以常常会得到教育工作者较为消极的信息反馈，这在客观上就暴露了我国高校创新创业教育所面临的亟需解决的问题，如教学方法单一，无针对性，无实效性等。导致许多高校的教育模式皆以“教”为主、“以知识为核心”“以课堂为第一阵地”的局面，这种教学模式的弊端显而易见，即教学模式传统僵化，教学方式忽视了实践的重要性。这也成为大学生创新创业教育所面临的一个重要问题。本章从大学生创新创业教育的理论性、实践性、操作性方面，结合多种实效案例，采用体验教学法、项目教学法等方法，为高校创新创业教育的寻找新的教学方法提出一些可能性，明确高校创新创业教育在应用这些教学方法时的组织形式、项目选材、考核评价、保障措施等具体问题，力保这些方法能够在高校创新创业教育中实施成功。

一、教学方法创新的重要意义

（一）克服传统教学方式的弊端

结合不同的专家学者的描述，传统教学方式的弊端可以大致概括为 5 个方面。

第一，是通过教师单向地向学生传授知识，以传授、记忆、回忆、再现等方式为主。

第二，在教学过程中更加注重教师的“教”，而非学生的“学”。

第三，对于不同的问题都有固定的答案，若学生有其他疑虑或见解，都不被重视，甚至会受到教师的排斥。

第四，教师在教学过程中拥有至高无上的权威。

第五，对于学生来说，考试的分数是衡量优秀与否的唯一标准。

可以看出，在传统的教学过程中，学生往往是通过死记硬背来完成学习任务的，并没有充分地调动大脑的其他思维功能，这种教学方式使学生的多项能力发展受到阻碍。

从表象上看，学生是一个完整的个体在课堂中接受教育，但是从本质上来看，学生并未充分调动多项机能参与到教学活动中来，如学习动机、兴趣、情感、人格等非理性因素。这也是为什么学生在课堂学习中常常会感到枯燥乏味的原因，不仅学生的好奇心和兴趣没有得到激发，教师在教学过程中也极易产生厌教的心理。因此，要提高教学效果就必须对传统教学模式进行改革，尝试新的教学方法。

通过大量实践证明，在客服传统教学方式的弊端方面，案例教学法、体验教学法、项目教学法都是行之有效的几种教学方式，在大学生创新创业教育的过程中也有着非常突出的表现。其优势主要集中在三个方面：第一，自主性。学生在课堂教学中占据主体地位，教师则主要为引导者，学生能够有更大的空间来展示自己的见解和才能。第二，拟真性。学生在课堂学习中拥有逼真的客观环境，学生更能够融入自身角色获得良好的学习成效。第三，交互性。信息交流由原本的单项输出，变为教师与学生，学生与学生之间的多向信息交互，使学生在学习过程中更易受到启发。但是，这种显著优势的发挥，也受到了长久以来的传统教学观念的影响，使得新型的教学方式在教学实践过程中受到制约。

1. 案例教学法

有专家在教学实践中发现，虽然大部分学生在心理上支持案例教学法，但是从学生在课堂中所表现出的却是不愿参与、不敢参与、不屑参与。从学生的不同态度中可以判定，持“不愿参与”和“不屑参与”的学生是认知问题，可见学生不愿意对此花费大量的时间和精力；“不能参与”和“不敢参与”的学生是学生的能力问题，这主要也是受传统教学的影响，使学生的主动性和自主性被压抑，失去了公开阐述自己观点的勇气，担心自己出洋相，害怕出现错误，所以导致很多学生都不能积极

地参与到案例教学过程中来。可见，通过案例教学法对传统教学法的替代，不是单纯的技术性改革，也不是对传统教学方式的替换，而是一种全面、彻底的革新。

2. 体验教学法

该教学法的重点就在于“体验”，让学生在体验的过程中受到启迪和思考，进而加深对理论知识的理解和感悟，同时，体验教学法能够有效打破传统教学法的僵化单一、强制性灌输、理论性主导、静态式接收的学习模式，为学生营造一个轻松、开放的学习环境，激发学生在学习过程中的主动性和自觉性。

3. 项目教学法

项目教学法是需要教师和学生来共同完成的，比如在设定出某一学习项目后，教师作为该项目的指导者，而学习项目中所涉及哪些问题、运用到哪些知识等，皆由学生自主地完成。因此，这一教学法可以充分调动学生的积极性和主动性，使学生自主学习能力得到提升，这一能力在大学生创新创业过程中是非常重要的一项能力表现。

（二）切实提高大学生创业能力

从整体来看，我国大学生目前在创业方面所表现出的能力普遍较弱，创新创业教育要提高教学质量，运用有效的方法培养大学生的创业能力。

创业能力是一种实践性能力，所以在教导学生时，就不能够只依靠概念型的知识去培养学生，而是要通过“探究型”的教育来获得。有相关专家认为，“从以讲授为主的教学，到以探究为主的教育，是一场革命。”这一革命主要有三个方面的特征：第一，从原本的以教师为教育的起点和主体，转换为学生为教育的核心和主体；第二，学生的学习过程由被动接受转化为学生的主动探究；第三，教育替代了教学。探究型教育除了能够让学生自主地获得知识和技能外，还能够启迪学生的思维、智力品格、心智状态等，而这对于大学生的创造力来说是最为重要的能力表现，对大学生创新创业教育的实践性特征尤为重要。

大学生创业能力的培养不止是单一地知识教授，还要着重对大学生对自然现象和社会现象的关注度和敏感度能力进行培养、对学生辨析和解决问题的能力进行培养、对学生批判性思维能力进行培养、对学生良好的心理和精神进行培养。正如英国著名哲学家怀特海所说：“虽然智力教育的一个重要目的是传授知识，但是智力教育还有另一个要素，模糊却伟大，而且更重要——古人称之为智慧。没有一些基础知识，你不可能变得聪明，你轻而易举地获取了知识，但未必习得智慧。”对于当代大学生来说，获得智慧的重要途径就是在创新创业教育中确定学生的主体地位，改变以往传统的学习方式，让学生学会在学习过程中以探究和体验的方式为主，让学生将所获得的知识真正内化，外化则形成“以整体性的人去看待整体的世界”的知识。将体验式教学法引入到大学生创新创业教育中，会使创新创业教育更加立体化、开放化、多元化，让学生在学习过程中实现自我教育、自我培养，提高自我认同，提升学生的创业意识和创新精神的归属感。

项目教学法所涉及到的知识内容则是多方面的，且主要的方式是以团队合作为主，在具体的项目实施过程中，一个团队的成员可以根据自身的需求来选择不同的任务。比如要提高项目完成的效率，团队成员则可以选择自己擅长的部分；若是想通过学习项目来弥补自身在学习中的不足，则可以选择自己较弱的任务来加强锻炼。此外，项目教学法的实施还可以加强学生之间的合作能力，激发学生的集体意识。

（三）有效应对高校创新创业教育的现实困境

从目前状态来看，我国高校创新创业教育所面临的现实困境主要表现在，创新创业课程在高校课程中基本是作为选修课和公共课来开设，因此不仅上课人数少，其课时也非常少，再加之学生不同的专业背景，以及不同高校的资源限制，使大学生的实践机会少之又少。要有效应对这一境况，就需要借助新型的教学方法，以此保证创新创业教育的实际效果。

案例教学法的本质就是以问题为导向，以客观事件为材料，训练和培养学生在复杂的情况下认知、分析、解决问题的理性思维与实际技能。其核心就在于能够为学生营造真实的氛围和情境，让学生能够在这一环境中积极思考，做出行之有效的应对之策。案例教学法将知识点与行动有机地结合到了一起，符合创新创业教育的实践性特征，完成了课堂教学理论与实践相结合的教育目标。

体验教学法则是实现课程教学、实践演练、参与体验的“三位合一”，理论性、实践性、操作性的“三维并进”，让学生可以在体验过程中接触到更多创业过程中的现实问题，这一能力的培养对大学生未来在创业过程中的风险规避具有重要作用。

项目教学法是以项目内容来教学，让学生在项目参与中能够灵活运用自身知识来解决各种实际问题，能够考验学生的知识资源的整合能力。与此同时，学生将学习知识和运用知识有机地结合起来，不仅能够满足学生在创新创业教育中的实践需求，解决理论学习与实践想脱离的问题，还能够实现学以致用的教学目标。

二、教学方法创新的方向导引

高校大学生创新创业教育具有十分鲜明的实践性特征，创业实践活动既是一种教育影响，也是一种不同的课程模式，与其他教育类型有着本质区别，而最能表现创业教育特点和性质的就是课程类型，它是不能只通过理论知识的教授就能完成的。创新创业教育所包含的许多知识点都是无法通过直观的概念叙述来传达的，很多内容都是需要学生在实践过程中自我感受、自我领悟、自我解决，因此大学生创新创

业教育的教学方法是以实践为导向。

（一）开展“实践导向”的课堂教学

课堂教学的核心就是“教什么”与“怎么教”，一个是教学内容的选择，另一个是教学方法的选择。

1. 教什么?

众多专家学者在将高校的学习环境和企业的实践环境通过对比发现，在教学内容方面，学校强调学生对过去所获得知识的理解、回忆、反馈、分析；而企业的实践学习环境则关注当下，注重对实践过程中所面临问题的处理，需要学生在解决问题过程中运用自身的知识基础和学习经验，真正做到了在做中学。通过比对可以看出，课堂教学要突出“实践导向”，就需要创设出各种与企业实践相似的学习环境，在教什么这一问题上，选择与现实社会环境贴切的问题，将实际问题的解决作为教学的中心内容。

2. 怎么教?

怎么教就是教学方法的选择，对于大学生创新创业教育来说，主要选择的即为探究式教学法、体验式教学法和项目教学法，这三种教学方法都是对学生自举主动性和创造性的培养。同时，这几种教学方法是以实践为导向的教学方法，有效确定了学生在课堂教学中的主体地位，让学生在自觉性的引导和创造性的实验中激励和提升其创业行为。

（二）构建“实践导向”的参与体验平台

“挑战杯”中国大学生创业计划竞赛，是目前大学生创新创业教育主要参与的体验平台。该竞赛诞生于美国，是盛行全球的重要高校赛事。参赛者以小组形势参赛，参赛小组成员优势互补，首先需要提出一项具有市场前景的技术、产品或者服务，并围绕这一技术、产品或服务完成一份完整、深入、具体的创业计划，从而获得风险投资。“挑战杯”大学生创业计划竞赛采取学校、省（自治区、直辖市）和全国三级赛制，分预赛、复赛、决赛三个赛段进行。开展“挑战杯”竞赛是我国实施“科教兴国”战略的重要体现，旨在培养具有创业意识和创业能力的新时代高素质人才。创业计划竞赛是重要的学生科技活动载体，有利于培养复合型、创新型人才，同时还能够促进高校产学研结合，推动国内风险投资体系建立。

1998 年我国首次开展大学生创业计划竞赛，在北京清华大学举行。1999 年，由共青团中央、中国科协、全国学联主办，清华大学承办的首届“挑战杯”和讯网中国大学生创业计划竞赛在北京成功举办，竞赛由和讯网赞助，共收集到了全国 120 余所高校近 400 件作品。自此以后大学创业大赛的热潮扩散到全国高校，带动了“创业”风气，产生了良好的社会影响，催生了视美乐、易得方舟等一批高科技公司。2000 年，由上海交通大学承办的第二届“挑战杯”万维投资中国大学生创业

计划竞赛在上海成功举办，竞赛由万维投资网赞助。大会共收到来自全国 24 个省 137 所高校的 455 件作品。创业竞赛受到社会各界的关注，竞赛中出现的作品也受到社会人士的关心，其中有一批出色的创业计划直接进入了实际运行操作阶段，实现了技术的资本化和市场化。2004 年，第四届“挑战杯”中国银行中国大学生创业计划竞赛在厦门成功举办，则把大学生创业浪潮推向了新的高峰。竞赛由中国银行和亚礼得集团赞助，来自全国 29 个省、市、自治区 276 所高校的 603 件作品参加了竞赛，其中 100 件作品进入了终审决赛。台湾省首次派队参加，香港和澳门的大学也应邀观摩。参加终审决赛的参赛学生达 1000 余人，参加观摩的媒体、企业、投资等各界人士近 2000 余人，社会各界对创业大赛的极大热情和关注度，使得“挑战杯”创业计划竞赛在短短 5 年的时间里就发展到了空前的规模。

2013 年 11 月 8 日，习近平总书记向 2013 年全球创业周中国站活动组委会专门致贺信，特别强调了青年学生在创新创业中的重要作用，并提出倡议全社会都应当重视和支持青年创新创业。另外，党的十八届三中全会提出“健全促进就业创业体制机制”并指出了明确方向，对机制建设作出了专门部署。习近平总书记在重要讲话中强调要发挥青年在创新创业事业中的作用，要大力发展大学生创业竞赛，激发大学生以及广大民众对创新创业的热情。为了贯彻落实党中央的有关指示精神，同时也是为了适应时代发展，共青团中央、教育部、人力资源社会保障部等部门联合决定，新增一个全国性的大学生创业大赛“创青春”，两年一届。

（三）提供“实践导向”的保障措施

1. 创建配套的教学制度和教学环境

我国许多高校目前沿用的仍然是传统的教学制度，僵化且较为局限，其中最突出的问题就是学生在课堂中学习的理论知识与现实实践活动存在严重的脱节，在这种教学制度下，项目教学法就很难顺利实施，同时也不能发挥体验式教学和案例教学的优势，使大学生创新创业的教学效果得不到有效提高。同时，案例教学、体验教学、项目教学要求教学环境要相对开放，使学生能够根据自身的实际需求来教室以外的场所选择教学活动参与。比如实体公司或实验室，又或是专门增添一些针对大学生创新创业的模拟器材和软件。当然，新型教学方法的应用并不意味着要完全摒弃传统的教学方法，而是根据实际情况将二者有机结合，既保障学生理论知识的学习，又能让学生将理论知识学以致用，边学便用，边用边学，激发学生的创造性思维，提高学生的综合分析能力。

2. 加强师资队伍建设

在教学活动中，虽然学生是学习过程的主体，但是教师同样也担当着指导者和监督者的重要角色，这对教师的要求反而有个更大的提高。教师在授课过程中，已经不同于传统教学模式，仅仅只需要进行备课、讲课、考试等教学活动，而是

要求教师利用更为丰富的知识来满足综合性的教学目标。比如，教师在设定学习项目时，不仅要考虑到本学科的知识内容，还要融合到其他相关学科的知识。同时，授课教师不仅需要具备扎实的理论基础，还要具备合格的实践能力。所以说高校创新创业教育中新型教学方法的应用对教师提出了更高的要求。但是从现实状况来看，我国高校在创新创业教育方面的师资力量都相对薄弱，教师数量不足、教学质量不高、教学结构不合理等，使得学生在学习创新创业知识和技能时不能完全满足其需求。

3. 加大政策和资金的支持力度

政府是掌握公共资源的主体，有政策和资金的大力支持，会使高校创新创业教育更有保障。政府部门的信息优势和行政职能对大学生创新创业的发展具有引导作用。我国对大学生的创新创业也是尤为重视的，还针对在校大学生制定了“国家大学生创新创业训练计划”，通过创新训练、创业训练、创业实践三个项目来转变高校教育的思想观念，强化高校创新创业能力训练，增强学生的创新能力和创业能力。全国各地也针对大学生创新创业先后出台了各种优惠政策，以平台搭建、资源聚集的方式帮助大学生提供切实有利的创业训练项目。这都是对高校创新创业教育的政策支持。

在资金支持方面，国务院在《关于深化高等学校创新创业教育改革的实施意见》中明确提到，“完善创新创业资金支持和政策保障体系”的指导思想，指出“各地区、各有关部门要整合发展财政和社会资金，支持高校学生创新创业活动”。反观国外在创新创业教育方面的资金来源模式，基本为两大途径，一种是以英国为代表的政府主导型资金来源；另一种是以美国为代表的市场主导型资金来源。对此，我国在找寻创新创业教育资金来源时，可以根据我国特殊国情和实际社会环境，结合政府主导和市场主导的模式，构建一个多元化的资金来源体系，在由政府设立大学生创新创业基金时，积极倡导和宣扬社会企业的援助，为其提供充足的资金保障。

三、具体教学方法的应用与创新

（一）案例教学法在高校创新创业教育中的应用与创新

与其他国家相比，我国高校开展创新创业教育的时间相对较短，在新型教学方法的运用上也是出于起步和尝试阶段。在应用案例教学法时，对国外的案例借鉴较多，但是结合国内实际国情和地方情况的本土案例较少。这就需要对案例教学法在高校创新创业教育中的具体应用途径和方法进行深入研究。

1. 案例选材问题

案例教学法的核心就是根据所选案例的材料来引导学生学习，因此案例的选材直接决定了该教学方法的成效。高校创新创业教育是针对全体学生的，各个学生都

有着不同的专业背景和学习兴趣，其个体差异性较大，对于这一状况，在选择案例时生搬硬套，则会使很多学生感到有距离感甚至是不能对应自己的知识基础，所以无法激发学生的学习兴趣，也不能调动学生的积极主动性。总体来说，在选择案例时要注重三个方面。

（1）选材时的定位在于培养学生的创业精神

创业并不一定是要开公司当老板，而是启发学生的创业精神。一方面，是为了让学生指导创业相关的基础知识、基本过程和基本技能，从广泛意义下让学生有创业的基本认识和概念。尽管最终只有很少一部分大学生在毕业后选择创业，但是其他大学生在得到创新创业精神的培养之后，也会成为创业拥护者，为我国的创业文化建设奠定基础。另一方面，教师在教学过程中，可以及时发现对创业有着浓厚兴趣的学生，可以引导他们在学校组织成“创业实验（先锋）班”之类的组织，对这部分学生开展个性化培养，帮助学生走上实际的创业之路。

（2）选材的基本方向在于结合不同的专业特点

意思就是说，教师在选材时要考虑到学生所在的专业特点，比如在针对计算机专业的学生进行创新创业的教育时，就可以选材 QQ 创始人马化腾的案例进行教学，会收到良好的教学效果。大学的专业丰富多样，还有许多专业是适合大学生创业的，如旅游、工程、艺术、体育、旅游管理等，但是很多学生都对本专业的社会应用前景一无所知，对创业也是持消极态度，所以就需要教师根据学生的专业特点来合理选材，激发学生的创业热情。

（3）选材时遵循“就近原则”

这里所说的“就近原则”是指尽量选择本国的、当地的典型案例，这样的材料更加贴近学生的生活，让学生更有熟悉感，更有兴趣，其参与程度会更高。而选择的西方案例教学中，除了其超高的知名度外，对一些基本运作是缺乏细致的了解的。所以在选材过程中，不一定非西方材料不可，选择本国当地的材料对于大学生来说更具有实效性。一方面，从我国经济发展来看，是极具地域特色的，且逐渐形成了以江浙、北上广等为主的经济发达地区，对于这些地区高校的创新创业教育来说，完全可以就地取材。另一方面，高校还可以开发校友资源，将本校毕业生优秀的创业经验引入创业教育中，让学生更有亲近感，更易于接受，激发学生的创业精神，培养创业意识。

2. 教师角色问题

案例教学使学生成为教学活动中的主体，学生的自觉主动成为学习的关键，师生关系得到了转变。但同样对教师的教学水平和能力展示有着很高的要求，且仍然是教学成效高低的关键所在。创业教育中的案例教学是以讨论的方式为主的，而教师在这一过程中的角色定位对教学的成功有着重要影响。绝大多数学者认为，教师在这一过程中应当扮演着“倾听者”和“引导者”的角色。

（1）“倾听”并非“放任”

这里所说的“倾听”并非是指教师对学生的发言和观点不加甄别地照单全收，而是在倾听学生的发言和见解时，要注重学生的观点和人事是否科学正确。由于每个学生都有着不同的专业背景，所以在对某一问题进行辨析时可能会出现完全不同的观点，而问题本身可能也并没有一个完全同意的答案，但这并不意味着不纠正学生错误的认识和观点。

（2）“促进”而非“限定”

在高校中，大班级课程的人数一般在100人以上，一堂课的课时为45分钟，在有限的时间内是很难做到让每一个学生都能发言的，所以教师对此就可以采用分组讨论的方法，在小组成员集中讨论统一观点后，由一名代表进行发言，以此来促进学生的参与度。但是这种形式又不能限定得过于死板，当小组成员中持有不同观点时，要给这类学生自由发表见解的机会。

（3）“引导”而非“主导”

虽然案例教学法的讨论方式是自由的，但是这种自由是有着一定范围的，学生在自由讨论过程中，可能会出现偏题、跑题的情况，所以教师就务必要在其中正确引导，让学生始终围绕课题中心进行讨论。教师在教学过程中要注意对学生引导的度，要在学生表达自己的想法之后再将自己的意见和结论说出来，因为教师先说自己的意见极有可能让学生不敢表露自己想法，在学生阐述自己的观点后，即使是不正确的，教师也不能嘲笑或斥责，教师要端正心态，放下身段，保持和学生平等的位置和心态，让学生能够积极自由地发表自己独特的见解，营造轻松自由的学习环境。

3. 适用性问题

案例教学法对大学生创新创业教育具有非常显著的优势，但与此同时，案例教学法也有着一定的不足之处，主要表现在：一是需要投入大量的时间和精力；二是该方法对于低年级学习者来说不适用，用该方法教授知识水平较低的学生难以取得理想的效果；三是案例教学法教学效果不如实践教学。尤其是对于不同的高校来说，其条件和资源都有所不同，对案例教学的实施会形成客观的限制，所以案例教学法的实用性需要满足更多的条件。

（1）明确案例教学的目的

有一些教师对于案例教学的目的不够清楚，认为是通过案例来让大学生进行理论分析使学生从中学到理论知识，但案例教学法的真正目的是通过成功案例激励学生进行创业行为，培养学生的创业意识。在使用案例教学法时如果对教学目标不明确，一味强调理论分析，那么极有可能造成反效果。

（2）案例教学法要与课堂系统讲授有机结合

案例教学法与传统的讲授法既不是对立关系，也并非转换关系，而是形成有机的统一体。在教导学生学习理论知识后，进行综合实践和实训时辅以案例教学，能够帮助学生在案例的引导下进一步理解所学的理论知识并将对其灵活运用，同时通过对案例展开主题讨论，能够促使学生发散思维，有利于培养学生的创造性思维，提高其综合分析能力。将这两种教学方法进行有机结合，教学模式便实现了理论与实践的结合，既有实践属性也价值导向属性，有效弥补了传统讲授法的缺陷，是一种传承与创新共存的全新教学方式。

（3）将案例教学、实践调研、多样化创业活动紧密结合

案例教学不仅仅可以在课堂内开展，还可以向课堂外、校外进行延展，例如将学生分为多个调研小组，组织学生到企业进行实地考察和调研，并根据学生们的实地经历开展相关的多样化教育活动，如以小组的方式互相交流讨论关于创业的看法等。另外，也可以邀请成功的创业人士或企业家到学校进行演讲和经验分享，让学生了解到更多具有时效性的社会案例，有利于提高教学质量。

（二）体验教学法在高校创新创业教育中的应用与创新

创新创业教育综合了理论、实践、操作的课程内容，相应的教学模式也要具有体验、实践和具有针对性的教学方法，否则其教学内容就只停留在空洞的理论层面。体验式教学法则能够有效解决这些问题，使高校创新创业教育更具有意义。在 20 世纪 80 年代，美国著名学者大卫·库伯提出了体验式学习圈理论，即通过具体的体验、观察反思、抽象概括、行动应用，让学生将学习过程看作是一种新的活动过程。从提升创新创业教育的实效性角度来看，体验式教学法不仅能让学生在学习过程中获得相关的知识和技能，还可以让学生形成认真思考、仔细观察的良好学习习惯，从而加强教师指导实践的教学行为和方法，使创新创业教育的现实困境得到解决。

1. 具体应用

体验式教学法的核心目的就是让学生在体验的过程中，认知到创新创业的精神内涵，而非简单地获得理论知识。著名音乐学家、教育家达尔克罗兹的教育理念也同样强调"感知、认知、学习、理解"的协调关联教育方法，从而构成了他所提出的体验律动教育理念——"在本课程结束后，不能使学生说'我知道'，而是'我体验到'。"这一观念与高校大学生创新创业教育的观念不谋而合，都是强调学生在学习过程中的体验感，并将此作为大学生创新创业教育的前提和基础，但最后局限于达尔克罗兹教育理论的"学习、理解"，在体验中"验证"创业理论知识，并"应用"于创业活动中，这才是体验式教学法的真正意义所在。

（1）感知体验之头脑风暴法

在创新创业教育中，感知体验注重的是让学生在体验过程中形成对知识的感知。头脑风暴法则正是利用了学生的这种自由的想象，让学生在探讨过程中激发创新思维，通过大脑丰富的想象来和思维发生碰撞，帮助学生创造性思维的产生，提升创

新意识。

（2）认知体验之管理游戏法

认知体验是根据客观存在对学生的主观意识进行作用，管理游戏法则是通过模拟情境的方法，让学生在学校在方针的创业情境中了解和掌握到各种创业管理的实训方法，这对于大学生创新创业教育来说是最为直接、快速、有效的一种教育方法。

（3）验证体验之角色扮演法

角色扮演法是体验式教学中最为基础的一种体验方法，同样也是通过情境模拟的方式，设定一系列与实际创业环境和活动相似的活动，让学生扮演创业过程中各种不同的角色去预先提出可能面临到的问题，并说出能够有效解决的方法，以此锻炼学生的实践操作能力、决策能力、领导能力、潜在能力、社会判断能力和良好的心理素质。

（4）应用体验之沙盘模拟法

沙盘模拟法就是通过在沙盘的盘面来设定相互竞争的企业，所设定的竞争企业需要包括企业运营中的各个环节，真实地模拟出内外环境相一致的训练场景来进行实训。在这一体验过程中，学生在参与沙盘载体、模拟企业经营、对抗企业演练、教师现场评估、自我感悟等一系列实践环节中，能够有效地将理论知识与实践相结合，将自身的角色扮演和岗位体验融为一体来激发思维，使学生能够在市场分析、策略制定、营销策划、生产组织、财务管理等一系列活动过程中认知到创业的管理规律。

2. 主要问题

体验式教学法的主要特征就是学生的主动参与、主动探索、主动操作和自主管理，从而增强学生的自主创业意识。通过对学生在实践教育中具体环节的指导，对学生的创业能力、创业素质、创业意识等方面产生重要影响。在课堂采用体验式教学法时，还要注意不要出现“课上热闹、课下无效”“乐趣很高、效果不好”的这种恣意化和虚假化的体验式迷途。

（1）创新创业教育教学中的体验恣意化

体验式教学法在创新创业教育中模拟出了具有一定真实性的创业环境和平台，这使得教师和学生的角色发生了转变，教师由传统的主导角色转换为引导、监督角色；学生则从传统的被动接受者转变为自主学习者。学生的主体地位被不断确定，其自主权也被无限放大，教师在充当监督者和引导者的同时则会容易出现恣意化的表现，忽略了对课堂整体的主导和把握，如言语恣意化、管理操作恣意化、角色体验恣意化。为了避免这种现象的发生，就需要教师在学社体验过程中，对学生的体验活动作出引导、定位、点拨。

对于言语上的恣意化，教师可以在体验活动开始之前做好引导工作，让体验活动能够有序进行，同时对学生在体验活动中的言语进行观测，当学生的言语出现偏颇时，教师要及时制止或进行纠正。在管理操作恣意化方面，教师要适当给予指导和引导，但是不能过于急切而强制学生的活动行为。在角色体验恣意化方面，学生在参与创业体验过程中，由于没有一定的经验，可能会出现角色定位不适合、不恰当、不准确的情况，就需要教师根据学生的能力水平和性格特征来给学生选择一个适当的角色，并在学生的角色体验过程中做好疏导工作，避免影响体验效果。

2. 创新创业教育教学中的体验虚假化

体验虚假化就是指，教师在创新创业课堂中所设立的情境体验活动形式化、走过场，学生没有在创新创业的情境模拟中有真正意义上的体验，导致学生所获得的体验感也是虚假化。体验感受虚假化也是指，教师在创业活动中，根据预先设定好的体验环节，牵引学生进入预设的创业活动节点，将学生固定在预设好的体验过程中，牵引学生获得自己预先设定好的体验过程和体验感受，而不是学生通过自主的活动来进行体验和感受。高校创新创业教育中的体验式教学就是将理论与实践融为一体，将课本知识与新型的教学方法有机地联系在一起，然后通过仿真的模拟实验来让学生对创新创业有更深刻的认知，所以为了避免出现体验虚假化这一情况，就需要教师深入地了解体验式教学的理论内涵。

3. 促进机制

传统的教学模式较为僵固，不论是课堂的教学内容，还是教师的教学方式和最终的教学效果，都有一个固定的标准和答案进行参照，对学生学习的结果也是通过最后的考试分数来评价。相比而言，体验式教学法则更加注重学生的学习过程，对学生的评价也更加多元化，是学生在同一评价的基础上有一定的弹性，而学生个性化的发展提供空间，这也更符合当今社会的多元化发展趋势。

体验式教学法的评价模式是多元化的，不仅需要了解到学生的基本学习情况，还会对教师的教学过程进行价值判断，同时为教学决策提供有效的反馈。

第一是在对教师的评价中要侧重教师授课内容和授课效果的转化，注重案例的选择、教学情境的设计，以及以学生为主体的授课模式，同时将理论有机地转为实践过程，形成全方位培养。

第二是对学生的评价中，要侧重教学效果的过程评价，即学生的心理历程、交流沟通、理解应用，密切关注在体验式教学过程中学生的参与度与体验感，对学生的思维能力和实际操作能力评价事采用多种多元化的评价标准，如采用课堂观察、测试与练习、学生作品评价等方式。

第三是评价机制的主体应当是教师与学生双方面的，即包括教师对学生的评价，又有学生对教师的评价，以此增进师生在体验式教学过程中的体验感，形成体验式教学在高校创新创业教育中的有效应用的长效机制。

（三）项目教学法在高校创新创业教育中的应用与创新

项目教学法是指通过教师的指导，学生根据各自的生活经验和兴趣来参与到各个项目小组中，对项目活动提出创意性想法和可行性决策，并且根据项目目标来决定并安排学习的内容和具体的学习方式，由学生制定关于自己的计划，并将其试试，最后对自己的表现进行评价。项目教学法的突出特点是以项目为载体，实现多元化知识与能力的整合与重构；以学生为主体，着重培养学生的自主学习能力；以小组学习为主要形式，实现探究与合作学习；以过程和产品为参量来衡量最终的教学目标是否完成。

在高校创新创业教育中，项目教学法是以真实的项目模拟的方式，让学生在参与过程中提升创业意识，激发创业思维，丰富创业知识等综合能力。在高校大学生创新创业教育中采用项目教学法时，应当明确以下四个问题。

1. 明确目标

这里所谓的目标就是指学校和教师展开创新创业教育的目标，对此，社会中普遍存在两种功利化的观点：第一是将创新创业教育狭义地等同于“企业家速成教育”；第二是创新创业教育当作环节就业压力的临时措施，认为是权宜之计。而目前大多数人都接受的一个观点则是，创新创业教育能够促使学生形成创造性思维，从而有效培养出学生的创业意识和创业精神，提高学生的创业技能，有利于培养学生的企业家行为。这里所探讨的高校创新创业教育基本定位就是分群类教，在学校的教学既要面向全体学生开展创新创业启蒙教育，也要结合学生本身的专业来进行创新创业嵌入教育，还要针对具有明确的创业意识的学生开展创新创业管理教育；在校外的继续教育方面，还要针对初期的创业者开展教育培训和扶持。

高校创新创业教育有两个基本的教学目的：首先是让全体学生对创新创业教育有了基础的认知和了解，并获得了基本的知识和技能，让广大的学生具有了初级的创业意识；其次是能够及时发现和挖掘对创业有着浓厚兴趣的大学生，在校期间对这类学生进行个性化培养，引导学生未来能够顺利走上创业之路。要完成这两个基本目的就需要在四个层次上利用项目教学法来提高创新创业教育的针对性和实效性。

第一，在面向全体学生开展启蒙教育阶段，在这一阶段中，学生的创业意识是非常薄弱的，甚至是没有相关的概念和想法，所以，在采用项目教学法时可以采用一些难度较低、学生兴趣高、具有普遍认知度的项目，从而引导学生能够积极主动地参与到创造性实验中来，并在这一过程中引导学生形成创业意识，培养其创业精神，锻炼学生独立自主学习和工作的能力。

第二，在与相关专业结合的“嵌入型”教育阶段，要根据学生不同的专业背景和专业特色，选择与学生专业相关的项目来引导学生良好地融入到创新创业活动中来。

第三，在"专业型"创新创业管理教育阶段，则要注重对学生创新创业的实战技能和实际创办企业能力的提升，所以在选择项目内容时，要选择知识融合度高的项目，如同时包含了企业运营、企业组织、企业行为、市场营销、人力资源等方面的知识，还可以通过对现实中经典项目的改编来创设对学生特殊能力的培养，使学生能够通过新型的改编项目来掌握创业和管理过程中相关的知识要点和技能，提高对企业的驾驭能力和规避风险的能力，从而提高创业成功率。

第四，在继续教育阶段，创业者初期的创业项目本身是具有很好的项目创意的，所以可以将项目教学法运用到具体的咨询、培训和服务中，也可以为其提供以往的相关经验，帮助他们度过创业初期所遇到的各种问题和困难。

2. 组织形式

项目教学法所采用的组织形式是团队合作，即教师与学生共同参与到一个项目的实施过程中来，教师在项目中担当指导者和督促着，学生则在教师的帮助和辅导下充分发挥其主观能动性来完成学习任务。团队整体都在学习的时候，不仅整体会取得出色成绩，团队中的个别成员也会拥有出色的成长经历。因此，组织实践教学应采用团队学习的形式。芬兰于韦斯屈莱应用科技大学的团队创业学园就是典型的团队学习案例，学园中不设课堂，只设开放的办公区；没有专门的教师，只有适时给予指导的教练；不设置班级，沟通交流通过对话会议实现；没有教师讲授知识，需要靠自己进行大量学习；没有案例分析，只有真实的实践项目。

项目教学法满足了创业教育在实践方面的"学以致用"和"边用边学"这一教学目标，在高校创新创业教育中采用组织形式时，要根据具体的情况来选用。一方面，在面向全体学生时，要让他们对创业有最为基础的认知，并掌握基本的技能，所以可以采用普及式的教育，即根据不同学生的专业背景来培养他们的创业精神和创业意识。而在我国的高校专业教育中，选修课形式就是一种普及式教育，创新创业教育也可以作为其中的一种。在这一形式中，团队中的成员来自不同专业、学科，团队是由于课程实践而临时组建的，随着课程结束团队也会解散。另一方面，有一部分学生对创业有着浓厚兴趣并为未来创业作准备，积极参与创业实践活动，对于这样的学生应当采用聚焦式教育，即针对性地培养创业人才和创业教育相关的师资或研究者。这种模式在选择组织形式时则可以采用固定团队，其周期长、综合性强，在各种项目活动中形成创业的创业素养和创业理论体系。

3. 项目选材

项目材料内容是项目教学法的核心和关键，直接决定了高校创新创业教育的成效。在选材时，要以高校创新创业教育的目标为前提，以教学内容为依据，材料要包含教学的理论知识内容，又要具有一定的实际可操作性以便激发学生的主观能动性，让学生在参与项目活动中能够将自身的知识有所发挥，同时激发其创造力。具体来说，可以概括为以下几点。

第一，选材项目有具有一定的针对性，即根据高校创新创业教育的具体目标、受教育学生的专业背景、学生的兴趣点、学生本身所具备的创业水平能力等来进行材料筛选。

第二，选材项目要具有切实的可行性，无论是在实践方面还是在资金方面，都要具有可操作性。

第三，项目的综合性要强，即涵盖的学科知识面要广泛，在补充学生的知识空缺时，还要提高学生对各种知识的整合能力。

第四，项目选择要有技巧，要根据学生在创新创业教育中所掌握知识的不同程度来逐渐加深项目难度，在符合学生接受知识的规律下不断提高学生的学习能力和创业能力。

4. 教学效果考核与评价

在完成项目教学之后，就要开始对学生的表现进行最终的考核和评价，这也是一个不容忽视的问题。具体可以采用团队成员自评、成员互评，教师评价的方式，也可以根据不同的项目内容和类型来设置网络投票，值得注意的是，无论是采用哪一种评价方式，都要有一个监督的措施和环节。

评价的标准由三个部分组成，即团队练习表现、文献学习和研读、实践环节，团队成员根据自己团队整体的目标完成情况，再结合自身在团队中的具体表现（是否掌握了创业相关知识和技能）来对自身做出评价；为了防止出现恶意评分的情况，在互评环节中，可以去掉最高分和最低分的方式来统计最终的评价结果；教师在进行评价时可以根据学生平时的表现，以及在团队中的表现来进行评分；网络投票的环节更是要严格把控，可以对投票进行条件设置，比如只允许本校学生投票。为了保证最终评分的合理性，可以选择部分创新创业领域专家，采用层次分析法计算出每一项的权重，对以上评价结果进行加权求和作为最终的综合考核结果。

第二节 大学生创新创业教育的科学评价

评价可以在原本的创新创业教育基础上进行提高和改进，但必须是建立在科学的评价基础上。但从目前的现状来看，高校创新创业教育的评价都普遍存在着“时滞效应”，所以，不能仅凭思辨来选择评价指标，要弄清楚高校创新创业教育的作用机制和有效的边界条件。加强评价体系建设的关键就在于教育评估方案要与高校创新创业教育的实际条件相匹配，并将主观指标与客观指标、短期指标与长期指标相结合，建设一个具有多模块的规范化的评价指标体系。

这里所探讨的评价体系主要是三个方面的问题，即数量评价、个体发展水平评价、纵向综合评价。对数量评价的探讨主要是针对"创业率"和创业措施的改进，认为最终的创新创业教育成效不能单凭创业率这一数量指标来衡量；对个体发展水平的评价，需要建立相关的评价指标，对学生的创业意识和创业能力水平进行评价；在纵向综合评价方面，要深入研究当前较为通用的基于"计划行为理论"的纵向综合评价方法，对其评价指标选择和体系构建进行深入研究。再在这一基础上建立起与高校创新创业教育相匹配的价值导向、质量标准、评价方式，以此形成全新的评价观。

一、"创业率"评价的现状、问题与趋势

（一）"创业率"评价的现状

目前人们在评价创新创业教育的成效时，均以大学生毕业后的创业率来作为评价标准，这主要是由于近年来，我国对高校大学生创新创业教育给予了高度重视，并为大学生创新创业教育投入了大量的人力、物力、财力，其主要目的就是为了达到以创业促进就业的目标，这些措施所认可的理论假设是经过系统的创新创业教育，大学生的创业比例应该是有显著提高。但是，从实际情况来看，这一设想却难以实现。根据麦克斯的报告显示，在 2008 年的毕业大学生中，大学生自主创业的比例为，211 院校为 0.54%，非 211 本科院校为 0.73%，高职高专院校为 1.36%。可以看出，虽然 211 院校的创新创业教育要比其他院校要好，但是毕业生的创业率仍然不高。

（二）"创业率"评价的问题

对于"创业率"这一概念的定义，各个专家学者都持有不同的看法，有的专家认为创业率能够简单、直接地体现大众创业的比例，具有实用性，但是用来衡量高校创新创业教育则有待商榷。这主要是由于，社会在衡量高校人才质量时，都是对高校毕业生创业情况的关注，所以就需要客观地反应出毕业生创业的全面情况。

创业率仅仅只能体现数量这一维度，表现的是创业人数相对于总数的比例，只是创业中的一个方面，无法全面地反映高校创新创业教育的整体质量水平。虽然仅仅运用创业率这一指标来衡量高校创新创业教育有着明显缺陷，但它依然能反映出一部分真实情况。

第一，创业率可以直接体现高校毕业生选择创业的比例，该数据可以在一定程度上反映出高校创新创业教育的实际效果。

第二，创业率可以体现创业环境对大学生创业的影响。

第三，通过与他国创业率进行对比，可以看出我国高校创新创业教育的"时滞效应"。

所以说，创业率这一指标也并非完全毫无可取之处的，而是不能将其作为评价高校创新创业教育的唯一指标。因此不建议实行部分学者所提出的“教育主管部门每年应在主要媒体公布高校创业率前十名、创业率后十名、就业率前十名、就业率后十名”这一方法。但是对于学者们所提出的“教育主管部门应当将毕业生创新创业状况与就业状况，同时列为高校办学水平和人才培养质量的重要评价指标”这一建议是值得采纳的。因为“创新创业状况”这一指标具有较强的综合性，它包含了“创业率”，这也就避免了将“创业率”这一单一的指标作为评价指标的片面性。

（三）“创业率”评价的趋势

要解决“创业率”这一评价指标所存在的问题，就要加强其解释力度，对此各专家学者都对此作出了多方面的讨论。

有学者认为，对于创业教育来说，所谓的“时滞效应”指的是学生从接受创业教育开始，到开始真正实践创业之间的这一段过程，其时间会出现一个相当长的延滞。但是从宏观角度来看，这只能说明部分事实。首先，相比于其他国家的高校创新创业教育，同样也面临着“时滞效应”这一问题，比如美国，但是美国的大学生创业率却明显要高于我国。这就不得不让我们反思，我国高校创新创业教育的“时滞效应”如此严重的原因是什么？在存在严重“时滞效应”的情况下，高校创新创业教育无法完全“避责”，我国与教育先进国家的差距非常明显，我国高校的创新创业教育还需要不断改进。在改进的同时，我们要调出自己局限的思维模式，不能将眼光局限于教育自身，还要考虑与教育相关的因素，如社会创业环境等。

此外，有部分学者根据调查发现，我国大型企业的创办者平均年龄为 33 ~ 35 岁，创办企业这一行为基本是在大学毕业的十年左右进行的，从高校创新创业教育评价来说，这是纵向的长期评价，这体现了纵向长期评价的有效性。可见，高校毕业生在毕业后的十年时间都在进行着各种社会实践活动和继续学习，这些经验将会对大学生未来的创业起到重要作用，量变会产生质变。也就是说，大学生毕业后的 10 年左右时间不能完全归纳为创新创业教育的“时滞效应”。

要有效开展高校创新创业教育评价，就要建立全方位的质量评价方法和指标体系，而对于“创业率”这一指标的局限性，很多专家都对此做出了深入的讨论与实践分析，概括来说，创新创业教育评价体系应当具有系统性、综合性，基本可以将实践操作水平作为高校创新创业教育中的个体发展水平评价指标。

二、个体发展水平评价的现状、问题与趋势

（一）个体发展水平评价的指标维度

对大学生个体的创业能力发展水平的评价也同样应该从数量和质量两个维度

进行。

在数量评价方面，其思路不能仅仅局限在对学生创业企业数量、创办多少工作岗位、创业收入情况等方面的评价，应当要扩展思维，要具备“大创业教育观”，要将创业教育的与就业教育的情况综合起来，应将学生就业率、在岗率、收入情况都作为评价指标。

在质量评价方面，高校创新创业教育对于大学生的多个方面的素质和能力都产生着影响，所以质量维度的评价指标有很多，如，创造性思维的形成、终身学习理念的确立；参加社会实践获得的经济效益和社会效益；对社会的适应能力等。那么，如果将这些因素与创业教育有效连接起来，建立有效的测度呢？最重要的便是去繁从简，选择 1 ~ 2 项核心指标评价为基础，对创新创业教育进行有效评价。

有专家学者提出了“内生变量”和“外生变量”两个概念，并认为“内生变量”在评价高校创业教育状况时，使用大学生创业意向和创业能力指标来作为评价标准会更加客观。虽然这两项指标能够反映出高校创新创业教育一定的实际情况，但是从宏观角度来看，创新创业教育是一项长期的系统工程，单仅以上两项内在指标无法反映教育的整体和长期效应，只能进行短期评价，因为大学生的创业意向和创业能力是会在长期的实践过程中改进和提高的。

（二）创业意向评价的现状、问题及趋势

1. 创业意向评价的现状

创业意向是个体创业行为的一种潜在意识和心理机制，国外对创业意识的研究方面已经有超过 20 年的时间，但是在我国，目前仍然处于一个新兴的领域，要全面地考察创业意向的整体状况，就要将国外与国内创业意向评价的现状整合起来进行评价。

国外的创业意向研究在重视基础理论与现实实践时，更加注重创业意向评价的具体测量指标，主要表现在三个方面：第一，从创业教育对大学生创业意向的影响进行评价，主要从人力资源理论和创业自我效能视角出发来评价；第二，关注个体的性别差异对创业意向的影响，并考察不同性别的个体提升创业自我效能的情况；第三，探究榜样这种典型的角色模型对个体创业意向的影响。

我国在评价大学生个体的创业意向时重点关注三个方面：创业意向维度结构、影响因素及现状调查。在创业意向维度结构方面，以创业意向的概念界定为出发点，对维度结构进行实证分析，探索其需求性、可行性、行为倾向三级模型。创业意向的影响因素有着众多变量，主要是个体的人格特质、所处的环境和背景等因素。虽然国内外在研究创业意向方面，所选取的工具、视角、研究对象都各不相同，但是最终都取得了一定的成果。

2. 创业意向评价的问题

（1）创业意向的内涵研究有待深化

现阶段学术界并未统一创业意向的概念和内涵，学者对此有着多种观点。创业意向的含义界定较为困难，因其具有个性化、维度结构模糊化等特点，都需要从创业意向研究的基础理论上创新，这使得创业意向的深化和拓展具有一定难度。

（2）创业意向的测量研究有待统一

创业意向的测量前提是创业意向的含义界定，但是现阶段创业意向的概念未在学术界得到统一的界定，也因此缺乏基础理论、前沿拓展等方面的研究，所以对于创业意向的测量可以采用多种探索方法，主要表现为研究工具、统计方法、监测手段的不一致。

（3）创业意向影响因素模型有待完善

构建创业意向影响因素模式是为了更深入地了解创业意向的生成机制和影响因素，从而制定相应的干预方法。该模型的研究再现阶段取得了一定的进展，但是从整体上看，纵深发展还有很大的提升空间，所以需要进一步探索和研究个体性变量以及非理性认知对创业意向的作用、自我效能感变量对创业意向研究的影响。

3. 创业意向评价的趋势

（1）开展跨国、跨文化比较研究

对不同国家的个体进行创业意向的比较研究时，首先要根据不同国家的文化背景中寻求能够在新领域建立的间性因素。欧美各国在创业意向的研究方面相对成熟，而我国在这方面的研究起步较晚，至今仍是新兴的领域。开展跨国、跨文化的创业意向比较研究，有对于研究不同文化背景下的创业意向影响因素、构建影响因素模型具有重要意义。

（2）建设实效性创业意向研究机制

我国创业意向研究领域，无论是基础理论还是实践研究都需要加大研究力度，不断提升。加强创业意向研究的关键在于框架基础，国家应该对创业意向内涵及相关概念提供权威性的界定，为创业意向研究提供统一的测量标准，有了统一的标准，创业意向研究才会不断拓展和提升。

（3）强化潜在创业者创业自我效能

“自我效能感”是人们进行具体行为的关键因素，因为自我效能感决定了人们对一个行为是否产生兴趣和行动力。因此，个体对于创业的自我效能感是观测创业意向的最佳指标。所以，在创新创业教育中恰当地激发学习者自我效能感会有重要的作用。

（三）创业能力评价的现状、问题及趋势

1. 创业能力评价的现状

现阶段对创业能力的评价主要体现为对创业能力结构模型的构建，学者们根据

创业者、企业家以及相关专家访谈的内容初步确定创业能力结构模型的要素，并通过统计分析的方法最终确定。有部分学者认为创业能力模型是二阶六维度，即机会能力、运营管理能力为一阶维度，机会识别能力、机会开发能力、组织管理能力、战略能力、关系能力、承诺能力为二阶维度。在这一研究中，最具有代表性的就是"大学生就业创业教育研究"，学者们在全国范围内进行了大数据调查，并采用多种方式对学生创业行为进行分析，构建了大学生创业能力结构模型，最终认为大学生创业能力模型包括四个基本维度，即基本创业能力、核心创业能力、创业人格、社会应对能力。大学生创业能力结构模型的构建为创业能力的评价提供了理论基础，在评价体系中具有重要意义。

2. 创业能力评价的问题

（1）亟待加强创业能力国家框架的研究和探索

在创业能力结构模型的构建上，国外学者也尤为重视，比如钱德勒和汉克斯认为，创业能力应当包括了六个方面的维度，即识别与利用机会的能力、概念性能力、坚持不懈的能力、人力能力、政策性能力、技术能力。曼恩等人也构建了六维创业能力结构模型，即机会胜任力、关系胜任力、概念胜任力、组织胜任力、战略胜任力、承诺胜任力。通过比较可以发现，国内外的创业能力模型，其科学结构都受到有限的研究对象和特定的研究目的的制约。同时，欧美发达国家开始深入研究就业创业能力，并创建了较为完善的框架。

（2）创业能力的评价方法过于单一和主观

现阶段我国主要采用问卷自评式方法来研究创业能力，视角比较片面。影响创业能力的因素来自多方面，对创业能力进行的评价也应该参照多方面的指标，只依赖简单的指标体系和问卷测评取得的评价结果是不全面的。目前创业能力指标体系主要起到规范性指引的作用，其科学性还未得到重视。

3. 创业能力评价的趋势

目前创业能力评价主要有两种趋势：一是将创新创业教育作为国家发展战略，整合优势资源和力量，构建中国创业能力国家框架，为创业能力的评价提供重要参数；二是深入研究创业能力的评价方法，基于国家框架构建一套科学合理的创业能力评价方法体系。我国学者对于创业能力评价方法体系的构建做了一些探讨，比如，在对大学生进行创业能力培养的阶段，评价应该是综合性、过程性的；在大学生创业的启蒙阶段，应该采用量化测评方法了解评价对象的能力强弱程度；创业预期阶段应该采用民主评定的方式进行评价，可以分析出大学生创业中所需要的核心能力；在大学生创业初期，应采用专家诊断法对大学生在创业过程中的具体表现进行评价。

三、纵向综合评价的现状、问题与趋势

对大学生的创业能力进行纵向综合评价指的是对大学生在接受创新创业教育前

后的态度和行为的变化情况进行评测，并且根据长期的跟踪调查做出纵向的比较和研究。纵向综合评价主要应用“计划行为理论”，通过该理论能够分析出促使大学生形成意识、做出行为的信念，通过影响这些信念可以改变主体的行为。

（一）纵向综评价的现状

高校创新创业教育具有广泛性、分散性、持续性的特点，能够对学生产生多方面的影响，从而使其创业行为、创业技能、创业态度受到改变，其中对创业技能的评价相对较为容易，但是对创业行为和创业态度的评价则有一定难度。创业行为和创业态度通常是一种短期表现，虽然也有长期表现，但是如何对其进行长期观测和长期比较是一个非常困难的问题，需要在短期内收集多方面的指标数据完成评价。计划行为理论中有关于给予创业意向考察的创业教育系统化评价指标，是创新创业教育评价体系的重要组成。

计划行为理论是社会心理学中最为著名的态度行为关系理论，该理论认为影响行为的关键因素是行为意向，而行为意向又受到态度、主观规范、自觉行为的控制影响。法约尔和众多学者在对创业教育项目进行评价时引入了计划行为理论，并根据计划行为理论的三个核心要素设计了综合评价指标，对创业教育的项目作出了综合评价。与其他体系相比，该评价体系有两个特别之处：它是一种对创业教育效果进行纵向评价的相对方法；它是计划行为理论的一个特殊用法，评价的依据是学生的态度和心态对创业项目的影响，不是根据创办的企业数量来评价。用该评价体系进行评价意味着避免了对学生参与创新创业教育的原因设想过于单一的问题，学生之所以愿意参与不仅仅是对其有兴趣，还有可能是希望接受该教育来改变自身的心态。

（二）纵向综合评价的问题

运用“计划行为理论”中的方法对创业能力进行纵向综合评价时，也会遇到一些问题。

1. 理论方面

最突出的问题是缺乏充分性，有三个方面的表现：过去的行为并不一定导致未来的行为，两者不存在直接的因果关系；现有的自我认同衡量标准并未激发出新的见解，也没有被应用在计划行为理论只有的三种态度因素之中；计划行为理论常常会由于对情感或情绪的否认而被批判“过于理性”，而个体的意向和行为也会受到预期情绪的直接影响。但是，这无法进一步证明计划行为理论的科学性。

其次是理性问题，一直以来，计划行为理论彰显着严苛的理性，对操作模式的运用非常谨慎，这也导致知觉和自发模式被忽略。并且，计划行为理论的行为模型的是由信仰个人主义的西方国家构建的，所以，在文化背景不同的情况下人们开始

质疑该评价方法。

（2）应用方面

计划行为理论的应用性是指在应用中的有效性。比如，问卷调查设定的问题效果是否良好；自陈报告是否具有合格的客观性，是都能准确地将过去的行为陈述出来。

（三）纵向综合评价的趋势

1. 充分认识大学生创新创业教育评价的特殊性

运用计划行为理论对大学生的创业行为进行分析时，可以分析出创新创业教育对大学生的创业行为产生的影响，这能够为兼顾短期与长期效果的评估方案提供理论支持。计划行为理论认为人的态度受到性格、教育、家庭、社会经验等多方面因素的影响，态度影响到人的行为。这就要求在建立创新创业教育评价指标体系中，必须从创业教育主体出发，注重对其创业意识、创业态度方面的考量。

2. 全面研究创新创业教育效果的评估标准

创新创业教育对学生的影响不仅仅体现在创业能力这一方面，而是与之有关的多方面，从整体上来看，创新创业教育会对大学生的行为有着深刻的影响和改变，如创业行为、管理技能和态度。计划行为理论可以对上述三个方面进行全方位的教育评价。艾伦·吉布将创业教育分为三种类型：一是"学习与创业有关的知识"；二是"为了创业而学习知识"；三是"通过创业而学习"。这三种类型创业教育的连接桥梁是学习体验，所以可以循序渐进地推动，由第一种类型过渡到第二种学习类型，转而变为第三种学习类型。传统教育模式往往仅以考试成绩来评价教育效果，要改变这种形势，需要建立全新的评价标准体系，评价体系要包含人才培养目标、创业率、创业成功率等多个指标。

3. 构建创新创业教育质量评价指标体系

运用计划行为理论对创新创业质量进行评价时，对于学生个体，要从行为态度、主观规范、知觉行为控制这三个核心要素对其进行评价；对于教育课程建设，要将综合评价与单项评价功能的有机结合，将专业教学质量与教学管理、学生学习状态等相关方面的因素相结合，建设常态化评价机制，这要求将指标体系模块化，保持评价体系的系统性。

四、创新创业教育评价的发展趋势

（一）建立正确的评价观

要建立正确的评价观就必须要明确一个基础性的前提问题，即评价观问题，评价观直接决定了评价的目的、内容、方式。

高校开设创新成业教育就是为了通过创业来促进社会就业，创业对就业有倍增的效应，在经过长期的坚持和努力，以创业促进就业取得了显著的成效，因此，在这一基础上，创新创业教育已经成为社会经济发展的驱动力。社会形成了“大众创业、万众创新”的景象之气，其价值导向是在全社会厚植创业文化，营造鼓励创业、尊重创造的社会文化氛围。从本质上来说，无论是以创业来促进就业，还是以创新为驱动力，都是为了培养创新创业人才，这是一种正确的社会价值导向。从长远眼光来看，创业是推动一个国家和区域持续快速发展的原动力，创新创业教育则好比是原动力的“发动机”，这已经得到了各个领域的专家证明。因此，在评价创新创业教育的成效时，一定要以长远的目光去看待，既要看到创新创业教育对大学生创业的显性促进和帮助，也要看到创新创业教育带给大学生内在隐性的提升。从这一视角去评价创新创业教育，则不再是将视角局限于技能培训领域，而是以一种教育理念和模式来衡量。

在正确的价值导向指导下，创新创业教育评价要遵循以下三个基本原则。

1. 过程性原则

要准确把握高校创新创业教育的核心内容和环节，对课程体系、模拟训练、市场体验、实操实创等多个环节实行全程监控，力保每一个学生在不同的环节中都能取得一定的成效，而对于学生在个别表现欠佳的环节，则要经过教师的指导来及时改进。

2. 长期性原则

创新创业教育的效果是长期存在的，且以动态的形式不断呈现，所以在评测时就要对学生开展长期的跟踪评价，及时反馈有效信息。在构建评价体系时也要做到层次突出、重点突出，不仅要考虑到创业教育的目标，还要考虑到外界环境等综合因素，注重学生综合创业能力的提高。

3. 多重性原则

要将教学效果与学校的办学特色、人才培养目标、学生个体实际等多个维度统筹考量，而不能仅凭一个单一的标准去衡量。检出多重性原则才能全面地了解大学生创业意向的趋势。

（二）制定科学的质量标准

高校创新创业教育的实践性特征是非常明显的，这就要求其教育过程要突破精英化、理论化教学模式的约束，强调理论结合实践，广泛采用“在做中学”的实践教学方法，并且要在教育评价时采取与之相匹配的评价方法。若教学过程是“实践取向”，而评价方法是“应试取向”，不仅会使创新创业教育的效果受到影响，还会使学生的积极性和主动性有所下降，最终阻碍了学生在体验过程中解决问题的创造力。为了避免这一问题的出现，就需要确定全新的、科学的、全面的质量标准。

对于创新创业教育来说，学生学习质量的考核并不是只看他对知识的掌握程度，还要看学生对知识的感悟能力，以及对知识的应用水平；要让学生更为优秀，并非鼓励学生埋头苦干和死记硬背，而是要推动学生的积极主动性和良好的习惯，在实践中培养和锻炼学生的创新精神，进而考核创新创业教育总体培养质量，以创新创业的综合素质水平来评判学生的创新创业能力。要完善创新创业教育质量评价指标，既要涵盖精神和理念方面的内容，如主动学习精神和终身学习理念，也要包括与创业实践有直接关系的内容，如个性、能力、知识等

（三）正确选择评价的时点与内容

高校创新创业教育又具有显著的"时滞效应"，因此创业数量、生涯满意度、对社会经济发展的贡献等多个指标因素，都无法在短时间内得出有效数据。那么应该如何选择正确的评价时间和相应的评价内容呢？对此，有学者认为"不同时间段内的培训项目应当用不同的评价指标体系去评价"，因此，根据学生接受创业教育的实际效果，创业教育的评价指标可以分为两类，即"短期指标"和"长期指标"。

在创业教育项目刚结束时，可以将学生的行动意向、知识和技能的获得情况、创业自我诊断能力的发展等来作为评价指标；在创业教育项目结束 10 后的时间内考察，则可以将创业对经济和社会贡献、商业表现、工作满意水平作为测量标准。对此，国外学者在时间的纵向评估指标基础上，将创业教育评价分为了 5 个具体的时间段，每个时间段都有不同的评价内容和评价标准。在创业教育学习期间，主要是对学生的报名人数、课程数目、创业的意识和兴趣等进行评价；在结束了创业教育之后，对学生的行动意图、对知识和技能的掌握程度、创业的自我诊断能力等进行评价；在创业教育结束 5 年内，主要对创业数目、收购企业数量和创业者职位的寻求和获得数目进行评价；创业 3 ~ 10 年，则主要对公司的声誉和可持续性、公司的创新与声誉级别的转换能力进行评价；创业 10 年后，则主要对创办企业在社会上产生的经济效益和贡献、商业表现和对职业的满意度进行评测。这种对时段以及内容的纵向评价方式，能够更为准确地反映出创新创业教育的影响力。

（四）科学把握发展趋势

1. 评价的取向转变

随着社会发展，对创新创业教育的评价取向应由注重经济效应转为注重个人效能。最初，创新创业的教育的开展是社会经济发展的需要，因此在初期对创业创新教育的评价是以经济效应作为主导取向。比如，通过对参与了创新创业教育，以及没有参与创新创业教育的人群比较，来对创业课程的经济效应进行评价，参与过创新创业教育的人去是否具有创业意向，或是直接用参与过创业教育人群所创办的企业数量来评价创业教育成效。但是后来专家学者意识到创业教育具有时滞性，于是认识到，用创办的企业数量和就业岗位来评价创业教育在宏观经济层面是严重缺乏

科学性与合理性的。认为应当将评价的标准由经济效能转为个人效能。这对于创新创业教育的评价来说是一个非常大的进步，专家学者们将研究重点放在了创业教育对个人的影响上，而并非个人所创造的经济财富，这一评价方法也成为当下对创业教育评价的主要方向。

2. 评价模式的转向

即由结果评价的模式转向为过程评价模式，在这一方面，国内外存在着明显的区别。在国内，学者们大多是避开了评价模式，关于评价模式的研究较少，大多时候都是将重点放在创业评价体系的构建上面，甚至还会用指标体系的构建来代替对评价体系构建的论述。可见，我国在创业教育评价领域还有很大的提升空间，需要进行深入研究。出现这种现象的原因是我国对教育评价研究的范式是将指标量化，忽视了对其他模式的借鉴与批判。

国外的教育评价模式发展较为成熟，经过理论与实践的深入研究和探索，现在已经发展到第四阶段，最为常见的评价模式有“行为目标模式”“CIPP 模式”“目标游离模式”“消费者导向模式”等。教育评价模式在实际应用中基本是对其教育过程而非对某一段时间内的水准或结果进行评价。根据评价目标，应选择适宜的评价模式，从近年来对创业教育评价发展的趋势来看，评价模式逐渐排斥评比性、绩效性、批判性，而倾向于诊断性、扶持性、协商性。我国在构建新型创新创业教育评价模式时，应积极借鉴国外的先进经验，不断推动我国创新创业教育评价的发展。

3. 评价方法的转变

创新创业教育评价的侧重点由对教育结果的评价转为对教育过程的评价。不同的评价模式包含不同的评价方法，在创业教育评价发展初期，多以层次分析法来构建评价指标体系，常见的评价方法为同行评议法、专家法、问卷调查法或德尔菲法等。随着社会经济和教育的发展，创业教育的评价模式越来越多元化，评价方法也越来越多多样，尤其是近些年电子信息技术的飞速发展，创业教育评价领域中融入到了更多大数据的概念，这促使创业教育评价的方法也因此不局限于以往的方法，许多其他学科的理论和方法也开始逐渐被应用于创业教育评价领域中，如心理学的能力评价量表、工程学的 QFD（质量功能展开）、行为学的计划行为理论，以及统计学、人口学等评价方法。根据创业教育评价的不同阶段，研究者会采用不同的评价方法，这些评价方法之间有着一定的联系，相互验证。评价方法的多元化发展，有利于丰富创新创业教育评价体系，促使其理论和实践方面的研究都得到更加深入的发展。

参考文献

[1] 梅红，宋晓平 . 大学生创业教育调查报告 [M]. 北京：中国社会出版社，2017.

[2] 张文喜，巩艳芬 . 创业基础 [M]. 北京：中国商业出版社，2016.

[3] 项勇，黄佳祯 . 大学生创新创业素质培养机制研究 [M]. 北京：中国经济出版社，2017.

[4] 孙惠敏，陈工孟 . 全球创新创业教育研究报告 [M]. 北京：经济管理出版社，2016.

[5] 杜永红 . 大学生网络创新创业教育 [M]. 北京：北京理工大学出版社，2016.

[6] 杨晓慧，等 . 大学生就业创业教育研究 [M]. 北京：经济科学出版社，2015.

[7] 徐小洲，梅伟惠 . 高校创业教育体系建设战略研究 [M]. 杭州：浙江教育出版社，2015.

[8] 林文伟 . 大学创业教育价值研究 [M]. 上海：东华大学出版社，2015.

[9] 李德平 . 大学生创业教育理念与实践研究 [M]. 北京：人民出版社，2013.

[10] 姜尔岚 . 大学生就业与创业指导 [M]. 北京：人民交通出版社，2008.

[11] 陈栩琳 . 当 90 后遇上创业 [M]. 北京：人民邮电出版社，2014.

[12] 艾诚 . 创业的常识 [M]. 北京：中信出版集团，2016.

[13] 许晓辉 . 一个人的电商（运营策略与实操手记）[M]. 北京：电子工业出版社，2015，

[14] 陈威如，余卓轩 . 平台战略：正在席卷全球的商业模式革命 [M]. 北京：中信出版社，2013.

[15] 叶明全，陈付龙 . “互联网 +”大学生创新创业基础与实践 [M]. 北京：科学出版社，2017.

[16] 吴伟伟，严宁宁 . 大学生创新创业教育 [M]. 北京：经济科学出版社，2016.

[17] 吴勇，张荣烈 . 大学生创新创业教育 [M]. 北京：北京师范大学出版社，2017.

[18] 石丹林 . 大学生创业理论与实务 [M]. 北京：清华大学出版社 .2012.

[19] 钱贵晴 . 创新教育概论 [M]. 北京：北京师范大学出版社，2009.

[20] 杜永红，梁林蒙 . 大学生创新创业教育：基于互联网十视角 . 北京：清华大学出版社，2016.

[21] 李永山，陆克斌，卞振平 . 大学生创新创业教育发展与保障研究 [M]. 北京：

中国建材工业出版社,2016.

[22] 陈忠卫 . 知行统一路 : 大学生创业案例与创新创业教育研究 [M]. 北京 : 经济管理出版社 ,2016.

[23] 席升阳 . 我国大学创业教育的观念、理念与实践 [M]. 北京 : 科学出版社 ,2008.

[24] 芮国星 . 信息时代高校创业教育体系研究 [M]. 西安 : 陕西师范大学出版社 ,2016.

[25] 商应美 . 高校创业实践教育体系建设研究 [M]. 北京 : 人民出版社 ,2016.

[26] 崔勇 . 视界 : "互联网 +" 时代的创新与创业 [M]. 北京 : 清华大学出版社 ,2016.

[27] 王晨 , 刘男 . 互联网 + 教育 ; 移动互联网时代的教育大变革 [M]. 北京 : 中国经济出版社 ,2015.

[28] 姚毓春 . 创业型经济与就业问题研究 [M]. 北京 : 经济科学出版社 ,2014.

[29] 曹胜利 . 中国大学创新创业教育发展报告 [M]. 沈阳 : 万卷出版公司 ,2009.

[30] 高文兵 , 张尧学 . 大数据环境下大学生就业创业新前景 [J]. 中国高等教育 ,2015(1).

[31] 王佑美 . 发现创客 : 新工业革命视野下的教育新生态 [J]. 放教育研究 ,2015(5).

[32] 汤敏 . 慕课革命 : 互联网如何变革教育 [M]. 北京 : 中信出版社 ,2015.

[33] 冯永胜 . 关于在高校开展互联网教育以促进大学生创业的思考 [J]. 教育与职业 ,2015(25).

[34] 徐明 . "互联网 +" 时代的大学生创业模式选择与路径优化 [J]. 中国青年社会科学 ,2015(5).

[35] 商应美 . 高校创业教育观念的价值澄清与科学定位问题研究 [J]. 中国青年研究 ,2013(5).

[36] 桑大伟 , 朱健 . 以创业学院为载体推进高校创业教育的有效开展 [J]. 思想理论教育 ,2011(6).

[37] 陈德虎 , 陆秋萍 . 高校创业教育新模式研究一基于浙江高校创业学院建设的视角 [J]. 青少年研究与实践 ,2016(2).

[38] 陈建 . 高校创业教育课程体系的建设与研究 [J]. 教育评论 ,2015(6).

[39] 周巍 . 青年创业教育 "学院型培养模式" 探索 : 基于湖北青年创业学院的创新实践 [J]. 中国青年研究 ,2012(12).

[40] 刘原兵 . 美国高校社会创业教育——基于哈佛大学商学院的考察 [J]. 高教探索 ,2016(12).

[41] 刘毓 . 手机媒体视域下移动教育管理探析 : 以大学生思想政治教育工作为例 [J]. 河南社会科学 ,2012(11).

[42] 徐坤 , 李云凡 . 移动教育在高校中的应用探讨 [J]. 科技信息 ,2011(14).

[43] 张豪锋 , 朱喜梅 . 移动微型学习在远程教育中的应用 [J]. 继续教育研

究 ,2011(4).

[44] 刘学泳 , 岳明 , 戴树根 . 论第五媒体对大学生就业创业的影响及其作用 [J]. 当代教育理论与实践 ,2011(11).

[45] 宋妍 , 王占仁 . 论思想政治教育与创新创业教育的双向建构 [J]. 思想教育研究，2017(6).

[46] 焦新安 , 胡效亚 , 张清，等地方综合性大学创新创业教育的思考与研究—以扬州大学“四位一体”创新创业人才培养为例 [J]. 中国大学教学 ,2017(5).

[47] 常青 , 李力 . 高校“多维型”创新创业实践育人体系建设与运行机制 [J]. 思想理论教育导刊 ,2017(1).

[48] 张根华 , 冀宏 . 应用型本科视阈下创新创业教育的理论与实践 [M]. 南京 : 南京大学出版社 ,2016.

[49] 王勇 , 王明强 , 孟宁宁 . 校地协同模式下大学生创新创业实践体系建设途径与策略 [J]. 教育评论 ,2017(7).

[50] 滕智源 .“互联网 +”视角下“三个整合”创新创业教育模式的构建 [J]. 教育与职业 ,2016(17).

[51] 林木明 . 创业实践教育的国际经验与中国探索—基于美英创业实践教育的启示和借鉴 [J]. 福建论坛 : 人文社会科学版 , 2017(8).

[52] 潘懋元 , 朱乐平 . 以创新文化养人以创业实践育才 [J]. 中国高等教育 ,2017(8).

[53] 黎春燕 , 李伟铭，李翠我国高校大学生创业实践教育 : 模式、问题与对策研究 [J]. 黑龙江高教研究 , 2017(10).

[54] 吴丽丽 . 校企合作模式下的大学生就业创业实践创新 [J]. 继续教育研究 ,2017(6).

后 记

《“互联网 +”时代大学生创新创业教育》一书，作为广西教育科学“十三五”规划 2019 年度立项课题《地方应用型高校“两融四合”创新创业实践课程体系建设研究》（2019A003）的成果，重在以“技术”的视角，全方位的审视大学生创新创业教育的发展现状与趋势。或者可以说它是一部学术著作，或者可以说它是我的一段学术经历的总结。自 2010 年涉足大学生创新创业教育的研究领域以来，我时常反思工作之中的实践经验，然后进行理论提炼，这样的往复的过程似乎已经成为了我的一个习惯。

2019 年的秋天，我有幸获得了一个出国留学读博的机会，来到一个陌生而又静谧的地方，让我可以静下心来学习的同时，进行自我反省和自我洞察。同时，也让我能够从一个国际性的视野去梳理大学生创新创业教育体系的逻辑。本书是我在读博期间完成的，里面很多以前我看似“肤浅”和没有必要探索的内容，实则在国际学术领域仍处于“争论”的阶段。如，“技术”、“教育”和“双创”这三个名词组成的“TPACK”结构。我以前一直以为研究过多的内容会失去其研究价值，或者是研究价值远远不如那些“新、奇、特”的东西，但事实上并非如此。

本书完成之际，我才意识到“互联网 +”或许不仅仅是一个时代的代名词，它是第四次工业革命时代在中国发展期间的阶段性特质，它代表的应该是这段时期中国创新创业工作所需要的一种思维和能力。

在我读博研究的初期，我曾将创新创业教育视为一种“文化”，认为其是不是过于膨胀了？就像生活角落中任何一类现象，经过包装都可以视为文化。貌似创新创业也一样，所有的学科领域、现实生活、认知价值等都可以有创新创业层面的内容。经过不断反思与研究，我才发现，在研究的时候是可以“膨胀”的，但如果不能将它们都拓展到更为现实的层面，仅仅只能说明其缺乏实践价值。而如果我们直接在现实中去套用，我个人觉得还是保持缄默或许会更为明智。

最后，我要感谢我的论文导师 맹성렬 教授。虽然他的专业研究方向与我格格不入，但是他仍然接纳了我。特别感激他语重心长的将其在英国剑桥大学攻读博士学位时的研究经验告知了我。他的奇思妙想常常会给我一些启发，与他相处不会是学术的煎熬，而恰恰相反，激发了我想研究的动力。感谢 조범종 教授、 백종남 教

授、이승미 教授、김환중 教授、邓国峰教授、龙腾飞副研究员，求学道路上，亦师亦友的陪伴、指导与帮助，如沐春风。感谢我的工作单位桂林电子科技大学的领导与同仁们对于我学术研究的大力支持。感谢读博期间的学友们，同窗之谊值得一生珍藏与怀念。

书稿完成之际最大的收获反而不是它，而是感觉触碰到了学术研究的一个门槛。这种感觉会让人发现学术研究的通识方法，特别是从态度和价值观领域来说，学术研究就在于不知疲倦的发现问题与解决问题。当你研究的领域变为一种“外显研究”被时代所重视时，你会发现之前所有相对的“内隐研究”都会被挖掘出来，历史就是这般循环往复，有分必有合，有热必有冷，我们所说的耐得住寂寞，应该就是这般意味吧。

滕智源

동신아파트 제 1 동 402 호

2020 年 9 月 26 日